JIAOYU,
SHI MEIHAO DE
SHUANGXIANG BENFU

教育，是美好的双向奔赴

徐丹阳 著

苏州大学出版社

图书在版编目（CIP）数据

教育，是美好的双向奔赴 / 徐丹阳著 .—苏州：
苏州大学出版社，2023.3
　　ISBN 978-7-5672-4157-2

　　Ⅰ.①教…　Ⅱ.①徐…　Ⅲ.①儿童教育—研究　Ⅳ.
①G61

　　中国国家版本馆 CIP 数据核字（2023）第 006608 号

书　　名：	教育，是美好的双向奔赴
著　　者：	徐丹阳
责任编辑：	孙腊梅
装帧设计：	吴　钰
出版发行：	苏州大学出版社（Soochow University Press）
社　　址：	苏州市十梓街 1 号　　邮编：215006
网　　址：	www.sudapress.com
E-mail：	sdcbs@suda.edu.cn
印　　装：	苏州市深广印刷有限公司
邮购热线：	0512-67480030　　销售热线：0512-67481020
网店地址：	https://szdxcbs.tmall.com/（天猫旗舰店）
开　　本：	890 mm×1 240 mm　1/32　印张：9.25　字数：220 千
版　　次：	2023 年 3 月第 1 版
印　　次：	2023 年 3 月第 1 次印刷
书　　号：	ISBN 978-7-5672-4157-2
定　　价：	49.80 元

凡购本社图书发现印装错误，请与本社联系调换。服务热线：0512-67481020

向往的力量 代 序

不知道是不是所有热爱写作的人,心中都有对"出书"的向往。至少我的心中是一直装着这样美好的梦想的。在时光悠悠的流转中,我的第一本书《教育,是美好的双向奔赴》终于要出版了。

一

几年前,同事陈大开通了自己的微信公众号,每日随性记录生活、思考教育,从她灵动美好的文字中,我感受到了平凡生活中的美好,心中便也渐渐萌发出对拥有自己微信公众号的向往。于是,我向陈大请教如何开通微信公众号,如何拥有原创的权限,如此便开通了自己的微信公众号"丹阳笔记"。到如今,该微信公众号已拥有不少读者,并有一定的影响力。生活保鲜的秘诀是打破惯性,不断刷新内心的向往。常常寻求改变,尝试打破公式化的思维方式,或许会带来意外的惊喜。是对于自媒体向往的力量,让我享受到了微信公众号带给我的种种美好。

二

笔记,是通往记忆深处的桥。"丹阳笔记"的开通,是为了用文字镌刻时光,用思想启迪思想。我是一个特别向往自由、崇尚自然、追求自我的人，做任何事，一直遵从自己的初心，不愿为其他所束缚。所以，我微信公众号上的文章不够"专一"，不专一谈教育，不专一谈读书，不专一谈生活，而是想谈什么就谈什么，想到什么就谈什么。这些文章，或是实践之后的反思，或是教学心得的分享，或是阅读之后的顿悟，或是生活之中的微光。但无论哪一篇，我都尽量体现"真性情的'我'"，尽量展现"文学的美好"，尽量诗化"平凡的生活"。因为，我深深相信，对一个人影响最大的，不是理论，不是说教，而是文学的力量。用文学的眼光去看待人和事，用文学的方式去记录自然与生活，人生的路，就成了繁花似锦的路，成了诗意无限的路，成了可以由自己去定义的路。

三

写作是什么？写作就是自己与自己谈心。书是什么？书就是作者将自己的所思所想与读者静静地"谈心"。是对文学向往的力量，让我享受到创作的快乐，享受到与读者"谈心"的快乐。

这本书共分为五个部分："育"见美好——教育，是美好的双向奔赴；"育"见惊喜——实践的土壤里，思想盛放；"育"见未来——教育，理想父母的高质量陪伴；"育"见可能——教育，通往可能性王国的美丽邀请；"育"见远方——在阅读中遇见迷人的远方。所以这本书，老师可以看，家长可以看，孩子可以看，所有热爱生活的人都可以看。如果书中有那么几篇文章能让您产生共情，我会感到非常开心；如果书中的观点您不那么认同，但让您产生了新的想法，我会倍感荣幸。因为，阅读的意义不仅在于获得，更在于碰撞，在于思想的潮涌。

四

因为内心涌动着向往的力量,所以一次次摁下了启程的按键。

心中一直向往美好的教育,所以,每日的课堂我都会精心准备,努力奔向美好的前方。每天与孩子们在一起的时光,我都特别享受,享受彼此美好的双向奔赴。

心中装着对美好生活的向往,所以,我一直努力将诗意融入内心,由此生发出对自然、对生活的感悟与思考。即便是平凡日子里,一家人围坐在一起吃饭,也能变得浪漫无比,诗意无限。有质地的幸福,是对快乐的感知力、理解力。三年的新型冠状病毒感染疫情之后,我们都有了深刻的领悟,那就是:人生只有一件事,就是"活好"。"活好"不仅仅是活着,而且要努力活得美好。

父母的期待,也会让我们产生向往的力量。父母是我微信公众号的忠实读者。他们常常跟我说:"你写的这些,是不是可以出本书呢?"每次,我总是傻傻一笑。后来,我渐渐感觉到,女儿能出本书,是他们藏在心中的愿望啊。作为女儿,我该努力让他们的愿望成为现实,这是给他们最好的礼物。是父母的心愿,激发了我内心对出书的向往。我在整理书稿时,妈妈问我:"那篇《故乡的原风景》有没有放进书中呢?"我说:"没有。"抬起头时,瞥见妈妈的表情里写满遗憾。于是,我跟编辑联系,将这篇文章放在"'育'见未来"的第一篇。我突然觉得,这篇文章放在这里恰到好处。因为童年是一个人的精神故乡,它的美好,能治愈人的一生。世间最温暖的那束光,一定是在回家的路上,是在回到童年的路上。对于儿女来说,父母的相亲相爱、相知相守,是最温暖的高质量陪伴,是家庭这所"学校"里最好的教科书,更是人生旅途中最昂贵的"奢侈品"。

五

人生中最大的发现，就是不断发现自己，发现自己对于某些美好的向往。因为心中一次次装有对美好的向往，我们才拥有一次次出发的力量，开启一次次为美好而努力的路程。向往"内心新的向往"，平凡人生就会变得意义非凡。

时光不语，岁月成诗；初心不忘，花开有期。无论做什么事，其最美妙的境界就是彼此双向奔赴，那是一种无须鞭策的主动出发，是一种畅享人生的快乐出发，是通往美好可能性王国的激情出发。只要心中装满对生活、对事业、对写作的热爱，那么再苦也不算苦，再累也不算累。在双向奔赴的人生旅途中，我们会收获一路惊喜，一路欢乐，一路珍贵的时光记忆。

六

本书能出版，离不开我的爱人曹老师、我的女儿源子的暖心相助，离不开父母、亲人、朋友、同事、众多爱徒的倾情支持，离不开苏州大学出版社孙腊梅主任及各位编辑不厌其烦的修改和完善。心中感恩无限，温暖无限。

特别喜欢2023年春节期间的热播剧《去有风的地方》，剧中那种平静且美好、丰富且浪漫、自然且纯真、自由且有品质的生活，正是我心中所向往的美好生活的样子。希望这本书的文字，也能像一缕清风，轻轻拂过您心中的那片田园，使您获得片刻的宁静。

2023年春节　于东皋安定书院

目录 CONTENTS

壹

"育"见美好——*教育，是美好的双向奔赴*

教育，是一场美好的双向奔赴	/ 004
每一位孩子都是"美丽的不同"	/ 005
好的课堂，能"俘获"儿童的心	/ 007
做一个有童话气质的老师	/ 009
新学年，向美而行	/ 011
"向美而行"的课堂	/ 014
教室里坐着的是"一个四季"	/ 017
童心，万岁	/ 020
让我轻轻地告诉你	/ 022
清澈的爱，只为教育	/ 025
关于语文课堂的"不仅……而且……"	/ 029
日常"好课堂"，"十点"更重要	/ 031
美好的教育	/ 034
读懂儿童的"小心思"	/ 038
"想法"，最贵	/ 040

好的教师的简单表达 / 043

好的课堂的简单表达 / 051

好的教育的简单表达 / 053

构建良好的内心秩序

　　——写给老师、学生、家长的心语 / 056

左手阅读，右手写作 / 058

语文，爱你一万年 / 061

重新"学教语文" / 065

简单、明白却深刻地教语文 / 067

关于"语感"这东西 / 070

最好的教育，是人点亮人 / 073

教会孩子学习的三大能力 / 078

语言的欢欣 / 080

语文的美丽启蒙 / 082

作文不会写，多半是被你"暗示"出来的 / 086

与错误共生，迎接成功 / 089

让每堂课都有几个"点" / 092

感受力，最珍贵 / 095

"迷恋"思考 / 098

语文——前往儿童可能性王国的邀请 / 101

可能性：儿童课外阅读最美的风景 / 110

再定义语境下的教学关系 / 114

贰

"育"见惊喜——实践的土壤里，思想盛放

有关"阅读与写作"的思考	/ 121
"育"见惊喜	/ 123
写作这件事儿	/ 125
站在阅卷老师的角度，进行考前作文的冲刺	/ 127
用心地"忽悠"，让孩子的"写作自信"几何级增长	/ 130
考试提前，不要手忙脚乱	/ 132
我这样给孩子上"课堂之外"的"课"	/ 135
"煮饭道""教学道"	/ 138
走进儿童的世界设计教学	/ 142

叁

"育"见未来——教育，理想父母的高质量陪伴

故乡的原风景	/ 149
老师的批评里，藏着世间最美的情感	/ 152
将寒假过成"动人的诗"	
——这个寒假，"希望"的遇见	/ 154
致孩子们：你当像鸟飞往你的山	/ 156
用儿童的方式陪伴孩子打开小学之门	/ 158
我们所期待的和我们能做到的高质量陪伴	/ 163

父母高质量陪伴孩子的五种"美妙关系" / 167

给陪伴孩子的时光以仁爱 / 169

孩子们所期待的"理想父母"的样子 / 172

暑假驾到,"家庭学校"的校长们须做好"五项管理" / 176

"青春仪式·致女儿书":愿你懂得…… / 179

暑假:愉快地"读",欢乐地"写" / 184

亲爱的孩子,人生需要一辈子心平气和地去奋斗 / 187

关于写作,陪同孩子经历是给孩子最好的礼物 / 190

我给女儿上的一节生活哲学课 / 193

居家学习,这"九条",最重要 / 196

与刚入初中阶段的孩子和家长们共勉 / 199

肆

"育"见可能——教育,通往可能性王国的美丽邀请

向未来:今日所为,都可能是为未来日子埋下的"彩蛋" / 205

每个人都可以成为生命中的"super star" / 208

所谓美好,即为平凡的当下 / 212

时光从来不语,却回答了所有问题 / 215

成为"更好版本"的自己:永远热爱生活,永远兴致盎然 / 217

做一个"追光"的人 / 219

愿这世上独一无二的你,成为自己生命中的超级英雄 / 222

凡是生活,皆可美学 / 225

闪亮的水晶心 / 230

伍

"育"见远方——在阅读中遇见迷人的远方

阅读,是一种浪漫;写作,是一种酷炫	/ 237
阅读,是离美最近的时刻	/ 239
阅读	
——秋天美好的第一杯"奶茶"	/ 241
阅读,从现在开始,一点儿也不晚	/ 244
我的"忠实追踪"阅读史	/ 248
在阅读中"醒来"	/ 276
阅读,抵达美好可能	/ 279

『育』见美好

——教育，是美好的双向奔赴

教育，是一场美好的双向奔赴

教育，是一场美好的双向奔赴。我喜爱儿童，儿童恰好也喜欢我。然后，我们每一天都可以充满阳光地生活。

教育，是一场美好的双向奔赴。我喜欢课堂，课堂恰好也能给我带来快乐。然后，我可以过上幸福而有尊严的职业生活。

教育，是一场美好的双向奔赴。我想与家长携手培育孩子，家长恰好也志同道合，愿意成为合伙人，然后，孩子们拥有了缤纷快乐的童年生活。

教育，是一场美好的双向奔赴。教育让我的人生变得丰富多彩，我的人生也因教育事业而变得意义非凡。

每一位孩子都是"美丽的不同"

地球之所以美丽,是因为她没有放弃任何一种色彩。

红色、黄色、黑色、蓝色……它们没有美丑、高低、好坏之分,它们拥有各自独特的魅力。

因为它们的共同存在,世界才变得缤纷绚烂。

大人们要努力发现每个孩子心中那根独特的"琴弦",让孩子"弹奏"出属于自己的人生之歌。

如同2022年北京冬奥会一样,运动员所擅长的项目不同,他们展现给世人的精彩也不一样。成功,从来都不只有单一的定义。每一位孩子都是"美丽的不同"。

让孩子迈向成功的诀窍,在于抓住孩子的上进心。当他们有了自我成长的内驱力,孩子内心的"小宇宙"才能被真正唤醒。

教育才是真的成功，教育才变得更有意义。

敬畏失败，感谢坎坷，是每一个人需要修炼的勇敢且乐观的心态。

日出之所以美丽，是因为它经历了黑暗。

彩虹之所以美丽，是因为它经历了风雨。

山路之所以美丽，是因为它的崎岖与坎坷。

时刻提醒自己"不忘初心"。孩子最初来到我们身边的时候，我们最大的愿望是希望他们平安健康。但随着孩子渐渐长大，我们便渐渐忘记了自己的初心，对孩子的"愿望"，也在"渐渐长大"。于是，孩子在我们的眼中，有时候就不那么可爱，甚至有些黯然失色了。

有时候，幸福与成功并无太大的关系。那些看上去很成功的人，内心未必就是开心的。

相反，普通平凡的人内心的丰富与安静，也是一种幸福。永远提醒自己：每一位孩子都是"美丽的不同"。

好的课堂，能"俘获"儿童的心

每一天，当我们走进课堂，都应该思考一个问题：今天，我将如何"俘获"儿童的心？

找到儿童的"兴趣点"

学习的愿望，也就是儿童的"兴趣点"，精细而淘气，它像一枝娇嫩的花朵，有千万条细小的根须在潮湿的土壤里不知疲倦地工作着。一位优秀的老师，一定会善于发现和利用每一寸培养兴趣的"潮湿的土壤"。

找到了儿童的"兴趣点"，原本"凝固的语言文字"，都会变成"生命的涌动"。

研究学科的"生长点"

每一节课，让学生学到未知领域的新知识，更新他们的知识库，他们的内心就会充满喜悦，就会产生持续不断地探索知识宝库的欲望。没有"生长"的课堂，即便调动了学生的积极性，也是毫无意义的。因此，找准"未知处"，探索"未知处"，真正激活学生的学习内驱力,是教师首先要考虑的问题。

研究了学科的"生长点",学生就会为之努力,"有意义"的学习才会发生。

开辟课堂的"活动点"

任何一门学科的教学都不只是教"教材",而是要用好"教材",让学生领略学科天地的无穷魅力。比如语文学科的教学,在课堂上抽出几分钟举行与课文相关的经典朗诵、书法欣赏、即兴演讲、诗词赏析、读书交流等活动,会大大提升学生对语文学科的兴趣,用兴趣的火种点燃学生智慧的火花。

有趣的活动,是儿童盛大的聚会。开辟课堂的"活动点",就是让儿童成为"儿童",就是顺应儿童的天性,就是让我们在活动中发现"伟大儿童"。

设计教学的"创意点"

要想让自己的课堂"俘获"儿童,必须让自己的课堂"常变常新"。"变"才有新鲜感,"变"才有吸引力,"变"才能把学生的情绪不断调整到积极而兴奋的状态。

"变"可以是教学方法的"变",可以是课型结构的"变",可以是激励方式的"变"。"变"才能让学生觉得你捉摸不透,时时被你吸引。

设计了教学的"创意点",教师仿佛就成了一位魔术师,神秘无限,让儿童总是充满期待。

自己的课堂,能"俘获"儿童的心,是作为老师最引以为荣的事。

做一个有童话气质的老师

开学第一天,走进教室上课。

班长喊"起立",孩子们一下子就都站起来了,伴随他们起立姿势而来的是刺耳的、此起彼伏的凳子与地面摩擦的吱嘎吱嘎声,让人心脏有种被撕扯的感觉。我说:"坐下,重来一次。"班长又喊"起立",凳子发出的声音如潮涌一般,依然刺耳。我可以生气,也可以厉声批评。但我没有。脑中突然闪过一句话:要做一个有童话气质的老师。

于是,我微笑着且用无比神秘的语气说:"只有最聪明的孩子,才能与凳子'和谐相处',让凳子乖乖听你的话不发出一点儿声音。"我又示意班长重喊"起立",这回啊,教室里一点儿噪声也没有发出!坐下的时候也没发出一点儿声音。孩子们小心翼翼的可爱模样,成了课堂上最美的风景。

我与孩子们会意一笑,并慷慨地给出评价:"你们都是最聪明的孩子!"所有的孩子脸上瞬间都绽放出骄傲而迷人的笑容!

教师就是跟儿童打交道的人,对儿童的研究应该是我们的第一事业,也是终生的事业。让儿童成为儿童,让自己成为"儿童",我们就能与儿童同频共振,我们的教育才会无限美好。

毕加索之所以伟大,就是因为他能撂下成人惯常的架子,用一生的时间向儿童学习绘画。丰子恺的漫画、木心先生的诗词,之所以能深深吸引读者,就是因为他们的作品里有着纯粹的童话气质,让我们抛却年龄、抛却身份,保有童稚之心。这样的我们仿佛来到垂柳下和儿童嬉戏,仿佛在巷子里慢悠悠地倒着行走。

想办法让孩子在乎你说的话,想办法让孩子在乎自己的表现,想办法让课堂"向美而行",想办法让自己成为有童话气质的老师,教育就美成了一首灵动的诗,就美成了一篇浪漫的童话。

新学年，向美而行

告别欢乐的暑假生活，我们又回到了久违的校园，踏上了新的征程。

9月1日，是相聚的日子，我们一起成长，共同进步。9月1日，是起航的日子，我们心怀梦想，朝向美好，扬帆远航。

新的学年，我们将一路向前，向美而行，做新时代的追梦人！向美而行，就是拓宽胸襟，更新气象，构筑丰满、积极的精神世界。向美而行，就是锻铸灵魂，提振志气，探寻生命的意义。

一所学校，只有拥有了与众不同的美的气质，才能挖掘出巨大的精神宝藏。

一

新的学年，让我们一起朝向运动之美。

运动之美在于日日坚持，挥洒汗水。

运动之美在于做极致的自己，也学会做团队的一员。

运动之美在于学会什么时候去奋争，学会如何承受失败。学会赢，也能接受输。

运动之美不仅在于强健体魄，更在于提振精神，磨砺意志。

二

新的学年，让我们一起朝向学习之美。

学习之美在于会"玩"、能"玩"。在学习中"玩"，并"玩"出经验、"玩"出规律、"玩"出方向。

学习之美在于能举一反三，融会贯通。在有意义的学习探索之中，悟出"正道"，增长能力，勇敢创造。

学习之美在于将整个灵魂沉浸其中。就如，当一首歌或一曲音乐响起时，我们的心神被深深吸引，旋律之美与你的情感发生共鸣。

学习之美在于发觉你自己。通过锲而不舍的努力，去发现知识的力量，享受科学探索之美，感受人文之美，不断完善自我并超越自我。

三

新的学年，让我们一起朝向人间大美。

朝向人间大美，就是与国家共奋进，为中华崛起而读书。

朝向人间大美，就是着眼未来，既热爱学习，也关注社会；既有体育精神，也有劳动品质；既关注科技前沿，也涵养艺术情操。

四

向美而行，就是时刻保有成长的心态，积极向上，乐观豁达,心存美好。正如树林中那些高高的树,永远朝向太阳。

向美而行,就是让师生的每一天相遇都是与众不同的新奇的对话,这不仅仅是教学的对话,更是生命的对话。

向美而行,就是让每一位学生享受学习的乐趣,感受自我的成长。

向美而行,就是要敢于超越自我,勇于挑战,充实自我,激发自我,修炼自我。

向美而行,就是存美好的念,行美好的事,做美好的人!

五

向美而行,就是好好学习,天天向上。

向美而行,就是身体健康,心理阳光。

向美而行,就是生命欢唱,逐梦远方……

"向美而行"的课堂

曾经我问源子（女儿）："你认为什么样的课才是美好的？"她不假思索地说："就是要有拆快递的新鲜感。"她的回答，启发了我的思考。

学习内容，让学生有拆快递的"新鲜感"

学习的内容就摆在那儿，不会变化，也不会说话。教材是什么就教什么，是一件十分无趣的事儿。倘若只讲教材内容，学生对课堂根本没有期待。

课堂小天地，天地大课堂。好的课堂学习内容一定是由教材看到"更多的教材"，将"教材"以及"教材以外的教材"重新组合成新的学习内容。我常常听到源子回来跟我交流老师们讲了好多书本上没有的东西，她感到新鲜无比。

让每一节课学习的内容不仅有学生课前就能预习到的，更有他们未曾预习到的。这样，学生就能获得想象不到的新鲜感，这样的"学习内容本身"就已是魅力无限。

学习节奏，有敲击心弦的"旋律感"

好的课堂，节奏一定要有变化。它就像一首歌，如果从头至尾节奏都慢，学生处于毫不紧张的状态，专注力容易分散；如果从头至尾节奏太快，学生又会因为赶不上节奏而感到困惑和沮丧。

因此，要精心进行学习活动的设计，并在教学过程中进行科学转换，平衡好课堂的节奏，让学生的学习处于积极的状态。同样的学习内容，不同的老师、不同的教学方法、不同的教学节奏，学生的参与程度是不一样的，学生的理解程度是不一样的，学生所产生的学习感受也是不一样的。

学习节奏及组织的教学活动有敲击心弦的"旋律感"，学习效果自然不言而喻。

学习情绪，有拥抱新知的"喜悦感"

教师走进课堂时的专注和热情是有感染力的，可以对学生的专注力产生积极的影响。教师的每一个表情、每一个语气都要在无意间向学生传递"这很令人兴奋""这很有趣"的信息。

教师要努力让自己成为"一团火"，点燃学生的情绪。因为，愉悦着主动学习，比烦恼着被动学习，要高效得多。

每位学生，都能感受到"存在感"

好的课堂要让所有学生都能感受到老师对他的"在乎"。教师要对所有的学生都表现出兴趣和感情。

比如简单的礼节：叫出他们的名字、问候"早上好"、用眼神与学生交流、拍拍孩子的肩膀、摸摸孩子的脑袋、轻轻地拥抱孩子、牵起孩子的手等,让孩子感受到老师的心中有他,老师的心中爱他。"每位学生都应被积极对待,每位学生都一样重要",应成为我们每一位老师的"教学律令"。

有新鲜感、旋律感、喜悦感、存在感的课堂才是"向美而行"的课堂。在这样的课堂上学生才能专注地学习、沉浸式地学习、快乐地学习、高效地学习。课堂"向美而行"是我的教育理想。

教室里坐着的是"一个四季"

一些新入职的老师找我聊天,很多话题都是刚做老师时的困惑。这也让我拥有很多关于教育的思考。与年轻人交朋友,我的心也跟着一起年轻。

花开在"四季"

他们说:有些知识教了好几遍,依然有几个孩子出错,十分苦恼。

我笑着说:你所说的是事实亦是规律。你教过,不代表学生百分之百掌握。每位学生掌握知识的速度本身就有快有慢。有的"一下子"就会了,有的要"两下子""三下子"甚至"更多下子"才会。

就像万千花儿一样,有的春天开放,有的夏天开放,有的秋天开放,有的冬天开放,只是花期不同而已。在我们的眼中,教室里坐着的就是一个"四季",学生就是花儿,花儿同时"开放",这不是自然规律;花儿开放有先有后,才有"四季之美"。

我们的内心明白并认同这个规律，苦恼就会越来越少。

花儿"品种多"

他们说：班上有的孩子沉默不语，上课不爱举手发言；有的孩子调皮捣蛋，上课爱插嘴；还有的孩子喜欢发呆走神，有时候拿他们没办法。

我说：即便都是在春天开放的花，品种也有所不同。颜色不同，形状不同，味道也不同，这才有了万紫千红。"万紫千红"才是最美的风景。倘若教室里的孩子都长一个样儿，都拥有同样的性格，那将是多么无趣。

学生与学生之间，性格、气质本身就有差异，正是因为孩子们性格的多样性，班级才会多姿多彩。

美丽绽放需"园丁"

他们说：有的老教师班上学生厉害呢！孩子们很听话，学习氛围好，听课纪律好，发言很踊跃，写的字漂亮，读书很投入……

我说：同样的花儿，遇上不同的园丁，绽放的姿态是有很大区别的。花儿想要绽放得美丽动人，需要园丁的精心培育。这就需要我们努力成为一名出色的"园丁"。我们要用心去了解每一位孩子的性格特点，用心去探索美好的教育艺术。

蹲下身子成为儿童的"同龄人"，走进他们的内心，倾听他们的心声。我们须日日反思自己的教学在不在激情状态，自己的教学方法有没有出问题，学生的错误点有没有被精准掌握……

如此，当花儿绽放的时候你定会拥有别样的自豪。

即便不是"花"

我对他们说:即便等了一个四季,花儿也没绽放,那也不要着急。因为他可能是一棵参天大树,或者是一种珍贵药材,抑或就是一株默默无闻的小草。

永远相信:每一个孩子都是"意义非凡"的!这才是四季应有的风景,这也才是自然应有的样子。

童心，万岁

童年很短，但童心却可以伴随一生。这一点，从很多深受欢迎的鹤发童颜的生活达人身上就可以看出。

他们经历了人生的风风雨雨，依然一身晴朗。年龄很大，但心不老。他们是活得明白、活得通透之人，浑身上下都因拥有童心而闪烁光芒。

童心是需要守护和找回的。小时候总想着一夜长大；真正长大后，却又无比怀念小时候的时光。我们只有守住自己的童心，才能够让自己永远像儿童一样年轻。

童心如同早晨刚刚升起的太阳，充满着蓬勃的力量，给人以无穷的希望。童心就像刚从泥土里破土而出的幼苗，无惧风雨，不断生长。童心还像清澈的泉水，甘甜、清新，不断为生命注入营养。童心更是一个人的精神原乡，在那里，我们才不敢将自己的初心相忘。童心是一种生活状态，是一种生命的热情，是一种哲学的思维方式。

永葆一颗童心，我们脸上就会笑容灿烂；永葆一颗童心，我们就能品味生活的芬芳；永葆一颗童心，我们就能感受年轻的力量；永葆一颗童心，我们就能活得简单奔放；永葆一颗童心，我们的人生就有诗与远方。

童心是最初的自己，是最真的自己，也是最美的自己。

愿你我一直保留着童心，以自己的独有姿态，迎接世界的奇妙；愿你我一直保留着童心，像孩子一样无拘无束，快乐的时候就快乐，悲伤的时候就悲伤，不要将自己的情感刻意隐藏；愿你我一直保留着童心，永远像孩子一样简单良善！

宫崎骏先生说：岁月永远年轻，我们慢慢老去，你会发现，童心未泯，是一件值得骄傲的事情。童心，万岁。

在教育孩子的路上,我们永远都是学习者、实践者、反思者。让我轻轻地告诉你,近期"做中学""读中学"的几点体悟。

"一万小时原理"

所谓的"一万小时原理",就是一个人一个行为做了一万个小时以后,就成了这个领域的专家。

通俗地讲别人学一次就会了,我们可以学一百次;别人学十次就会了,我们可以学一千次。如果真能照这样子去做,即使再笨,也会变得聪明;即使再柔弱的人,也会变得坚强。

很多知识,有的人很早就知道它们,有的人通过学习才知道它们,有的人要遇到困难后才知道它们,但只要最终都知道,就是一样的。

学习是"学+习",成功的人不是最聪明的人,是不断学习的人,是最有毅力的人。

如果用爬树的能力来评断一条鱼，鱼将终其一生认定自己是个笨蛋

上天是很公平的，空间能力好的人往往语言能力不怎样；语言能力好的人空间能力常较差。大脑是个有限的资源，很少有人得天独厚，样样都好。

如果用爬树的能力来评断一条鱼，鱼将终其一生认定自己是个笨蛋。爱因斯坦的大脑在他死后被捐了出来，并被做了详细分析，结果发现他在掌握空间的顶叶、颞叶交会处的确比别人大15%，他的脑细胞也比别人多。但是爱因斯坦到三岁才会说话，如果生活在现在，会被认为语言迟缓。他的私人书信及日记被公布后，有人认为他是阅读障碍者。但你能说爱因斯坦不是天才吗？

我们应该顺其自然，要教会孩子了解自己的长处，接受自己的短处。

情绪，是改变大脑最快的工具

智慧的老师或父母会在每一天的清晨让孩子拥有良好的情绪。可以是一个眼神、一抹微笑、一个爱抚的动作、一段幽默的对话、一个简短的游戏，让每一天的清晨都成为一个快乐的邀请。

让孩子的情绪处于不安状态，甚至恐慌状态，会使孩子厌恶上学，甚至产生负向人格。情绪，是改变大脑最快的工具。拿学习这件事来说，愉悦着主动学习，比烦恼着被动学习，高效得多。有的时候，你认为孩子具有某个缺点，这个时候不要急着去改变孩子，强迫立即改正可能会让孩子产生情绪障碍。

成功的人不是赢在起点，而是赢在转折点。将错误转换成经验，跌倒了，就换个地方爬起来。

不曾犯过错的人，表示他从未尝试过新的事物

在成长的路上，没有谁是完美无缺的。

当孩子犯错时，重要的不是去强调这个错误有多糟糕，或者总是在强调是谁的错；更重要的是，要将错误转换成一个经验，不再犯重复性的错误。用欣赏的眼光去看孩子，你会看到他的长处。用正向的态度去看事情，你会看到解决的方式。不曾犯过错的人，表示他从未尝试过新的事物。

孩子可以不完美，但不可以不学习。

清澈的爱，只为教育

深情回首 25 年来的教育生活，我幸福地发现我的精神世界，如同诗意的丛林，蓬蓬勃勃；如同美丽的花园，缤纷明媚；如同浩瀚的大海，辽阔无边；如同山间的清泉，宁静悠远。我爱教育，爱得"无比清澈"。

我无比幸运，因为在我已有的 25 年教育生涯中遇见了五位特级教师。

每一位特级教师的思想都"闪闪发光"，每一位特级教师都闪烁着"人格的魅力"，每一位特级教师都是"一座优秀的学校"，他们如同璀璨的星空，让我一直保持"仰望"的姿态。

我很自豪，曾与他们共事；我也很开心，曾是他们的"打工人"；我还很"富有"，因为从他们的身上学到了太多太多。

25 个年头，25 个春夏秋冬，我沉醉在教育这份美好的事业中，诗意地前行。我在"仰望星空"的同时，走在教育的"田野"，一路前行，一路思考。

春暖花开的日子，我将自己的实践感悟，进行一次"沉淀"。

人生最大的幸福是帮助别人幸福

对于同事,视若亲人;对于学生,视若己出。你会发现,当我们对他人交付真心时,做事就会得心应手,也会减少很多麻烦。

人生最大的幸福,是帮助别人幸福;人生最大的美丽,是使他人美丽。

"雾里看花"是一种胸怀

无论是老师还是学生都会有犯错的可能,化解错误必须讲究艺术,保护好他人的自尊十分重要。

"雾里看花",找准时机,让其自省自悟,达到自律自觉,才是人生大智慧。

人的尊严在于思想

人的尊严,在于思想。一个优秀的老师不是靠管住学生获得威信,而是靠思想的魅力征服学生。

一位优秀的教育者远不止是"常规的管理者",更重要的是"思想的引领者",一个有思想的人才能赢得别人尊重的目光。

团队的凝聚力就是团队的战斗力

团队的建设首先要达成理念的共识,团队的建设必须要有平等的氛围,团队的建设要善于发挥各人的长处,团队的建设一定要有奉献的精神。

团队的建设一定要有凝聚力,有凝聚力才有战斗力。

智慧和勇气是一双隐形的翅膀

遇到困难不怨天尤人,要微笑面对,用智慧和勇气将困难踩在脚下。

智慧和勇气是一双隐形的翅膀,要坚信没有一个冬天不会过去,没有一个春天不会到来。

计划开始的时刻,叫"吹牛"
计划"变现"的时刻,才是"真牛"

所有活动都要事先制订特别细致的方案。

凡事预则立,只有将活动中的所有细节、所有可能出现的问题考虑全面、考虑细致,活动才会趋于完美。永远告诉自己,活动的精彩离不开细节的完美,方案越详细,活动就会越成功。方案在前,活动在后,才有超强的执行力。

每一次发言都要有"原创"的新鲜感

珍惜每一次与他人交流的机会,认真准备。

让自己的发言给他人带来思想的火花,让别人有一种"打开之感"。

不断前行,最好的加油站是书桌

身处这样一个美好的时代,一定不能停下前行的脚步。而不断前行,最好的加油站是书桌,读"思想发光"的书,读"读你千遍也不厌倦"的书。

坐在书桌前的样子是最美的,应成为每一天必不可少的生活剪影。

清澈地爱儿童

一个和孩子常年在一起的人,她的心灵永远活泼得像清泉;一个热情培育小树苗的人,她会欣赏小树苗周边的风景;一个用心温暖别人的人,她自己的心也必然感到温暖。

做一个优秀的教育者,首先要做的是无条件地爱儿童,用心去"发现儿童"。只有爱儿童,才能从内心迸发出伟大的力量。

让我们一起用爱的光芒,照亮教育的美丽世界。

关于语文课堂的"不仅……而且……"

语文课堂首先要教给孩子知识,因为知识就如同食物,孩子填饱了肚子才能身体倍儿棒!

但语文课堂不仅要教给孩子知识,而且要教给孩子方法。方法就如同婴儿的学步车,掌握了方法之后,孩子才会"走路",才能享受到"独立行走"的自豪,才能看见知识的"万水千山"。

语文课堂不仅要教给孩子知识、方法,而且要教给孩子思想。思想就如同一束束光,驱散孩子们前行路上的黑暗,让孩子的世界辽阔无疆。

语文课堂不仅要教给孩子知识、方法、思想,而且要用文化的基因,给孩子种下梦想。因为梦想会给孩子描绘"关于未来"的美好想象,让孩子们的心中有诗与远方。

老师不能成为一个可以被"百度"取而代之的老师,要让自己成为一个发光体、一个引领者、一个思想者。这似乎不仅是语文课堂的事，也是其他学科课堂的事，是老师、家长、孩子共同的事。

唯有这样，孩子的眼睛才会闪闪发光，孩子的心灵才会柔软坚强，孩子的未来才会充满希望。

日常"好课堂","十点"更重要

一

确定什么是有用的知识比什么都讲更重要

什么都讲,等于什么都没重点讲,不能让孩子在大脑中留下深刻的印象。

二

组织课堂纪律比完成教学任务更重要

很多时候,只有班级的一部分孩子在课堂认真听讲,或者一些孩子听讲的时间只是课堂的一小段时间,那么,教学设计上的教学任务虽然完成了,但是教学效率却不达标,因此组织好课堂纪律,是保证教学效率的重要前提。

三

改变教学方法比机械直接地讲更重要

总是用相同的方法在讲课,如同天天吃米饭,没有新鲜感。

四

引导学生自主学习比老师讲个不停更重要

教,是为了不教。唯有让学生自主学习,学生才能拥有终身学习的能力,总是老师在讲,学生哪来自主学习的空间呢?

五

不断激励点燃比不断批评警告更重要

老师对学生的期望值越高,他们的学习效率就会越高。

著名的皮格马利翁效应要真正实施在我们的课堂里。一定要给学生心理的信任感,让学生一是对你任教的这门学科感兴趣;二是对你这位老师产生爱。兴趣和爱不可或缺。

六

当堂限时练习比课后拖拉练习更重要

提高学习成绩的秘诀就是提速,提速,再提速。而提高练习速度最好的时空环境是课堂。

七

精准掌握易错点跟踪练
比道道题目都做更重要

学生很多时候是在巩固已经掌握了的知识点。这很没有效率。要让学生对自己的知识盲区加深印象、练习巩固,才会高效。

八
博览题型比让学生刷题更重要

很多时候学生的刷题都是在原地踏步,没有前进。这实际是一种伪刻苦。教师要不断积累好题型,在课堂中进行渗透,拓宽学生做题的眼界。

九
亲眼所见优秀典型的样子比苦口婆心说教更重要

给孩子亲眼看见优秀典型,亲眼看见好作文模板,亲眼看见解题规范,亲眼看见课堂笔记范本,这比以老师的姿态说教、提要求更重要。

十
师生身体、心理健康比任何事情都重要

没有健康,什么都是浮云。爱学生,爱自己,爱生活,爱自然,让每一天都阳光明媚。

美好的教育

在我的心中,美好的教育是这样的。

给予人"精神的山水"

美好的校园,是美好教育的摇篮。美好的校园,是家长满意的温馨校园,让家长每一天都有"安心"相伴;是学生喜欢的成长乐园,让学生每一天都能"快乐"成长;是教师依恋的精神家园,让教师每一天都"激情"荡漾。美好的教育,给予人"精神的山水"。

朝向阳光,学会思考
扎根中国,面向世界

美好的教育,是办适合人、发展人、成就人的教育。培养身体健康、心理阳光、会学善思、知行合一、有中国灵魂和国际视野的时代新人。

校园是一本"立体的教科书"

美好的校园,是一本"立体的教科书"。

校园文化是学校内涵化发展的灵魂所在。美好的学校在文化建构上用心、用情、用智,把学校发展思路、治理体系、教学实践、立德树人、学生成长等办学要素整体打造成高质量发展的校园文化,成为有亮度和温度,有高度和厚度,有显示度和区分度的高质量学校标识。

校园是一本"立体的教科书",让每一处自然景观或人文景观都成为教育发生的地方。

儿童站在学校的中央

理想的学校,儿童站在学校的中央,教师用科学的育人观激活儿童的日常学习状态,提高儿童的高阶思维能力,让儿童的学习真正发生。让每一个儿童按照自己的节奏成长,让每一个儿童成为独特的自己,让他们朝着美的方向生长。

教师们要倾听童声,用爱心、细心、耐心呵护每一个儿童的童年。美好的教育不能办成"世界杯",而要办成"奥运会",让每一个儿童都能拥有自己的个性特长,绽放生命的精彩。

形成教师的"成长气场"

教育高质量发展的关键是教师的专业化发展,教育质量提升的关键点在教师,发力点也在教师,最终希望点也在教师,没有教师的发展,就没有教育的发展。

理想的学校要培养有理想信念、有道德情操、有扎实知识、有仁爱之心的"四有好教师"。学校要促进教师的成长,要形成"成长气场"。学校要成为没有天花板的舞台,让每个教师都处于舞台之中,去寻找、发现属于自己的角色和意义。

有优秀的教师,才有美好的教育。

通过"高质量的课程"育人

课程建设是学校内涵化发展的重要引擎。课程是学校教育的灵魂,是学校教育特色的标志。

美好的学校一定要构建高质量的课程,构建开放多元的高品质课程体系,依据国家课程生成地方课程、校本课程、班级课程、生本课程、特色课程、微型课程,以立德树人为任务和使命,培养有"中国心"的时代新人。

要让富有选择性、生动性的课程,成为学生阶段性学习的跑道,也成为支撑学生持续学习、终身学习的阶梯。

一定要进行课堂教学的改革

美好的教育一定要进行课堂教学的改革,将"限时讲授、合作学习、踊跃展示"的12字方针贯彻到位,将限教让学的调适策略、自主建构的活动策略、团队合作的共学策略、踊跃展示的表达策略、案单导学的支架策略变成每一位教师的行动指南。

美好的教育必须借助课堂教学改革和有效课堂的探索与生成来助力给力。

笃定地相信书籍的教育力量

相信书籍的教育力量应是每一位管理者的管理信条。

理想的学校随处可见书籍,随时可读书籍。早晨有晨诵,午间有共读,傍晚有静思。不仅让孩子感受到读书的美好,还要让孩子学会读书的方法,交流读书的领悟,表达自我的想法。

要坚信让学生变聪明的最好方法是，阅读，阅读，再阅读。阅读不仅是语文学科的事，也是学校所有学科共同的事！

<h2 style="text-align:center">教师和学生
都应成为精神明亮的人</h2>

学校，不仅是学习的场所，师生的很多美好的时光也都在学校度过。

美好的教育一定会关注这段生命时光的质量，特别是生活的丰富性与精神的愉悦性。要为教师和孩子们送一缕阳光；为教师和孩子们找一个支点；为教师和孩子们打开一扇扇窗。学校，应成为师生热爱与享受的地方：享受她的温度，享受她的平台，享受她的博大，享受一段段珍贵的生命历程。

美好的教育，让教师和学生都成为精神明亮的人。

读懂儿童的"小心思"

昨天,跟几位一年级老师闲聊。一位老师说:刚入一年级的小孩子就喜欢说,这里不舒服,那里不舒服,以此引起老师的注意。看他那样子,其实并不疼,只是期待老师能去关注他一下。老师安慰说:小朋友,要勇敢噢!但效果并不理想,那一刻,估计老师和孩子的心中并没有涌起幸福的或是温暖的涟漪。

我认为,好的教育应该是师生对于美好的双向奔赴。

这样的情景,估计很多老师都曾遇见过。我也不例外。遇到这种情景,我常常用"儿童"的方式去跟他玩一玩。

具体操作:
"小家伙,脚疼啊!"(像妈妈那样温柔地说)
"老师呢有一个'特异功能'。"(特别神秘地说)
"只要往你疼的地方吹一口气马上就不疼了。"
"要不要试一试?"(用特别期待的眼神)
然后很"认真"地往他疼的地方吹一口气。(特别投入地做)

"还疼不疼了？"（十分关切地问）

孩子眼睛里瞬间有了"光"，开心不已："咦，真的不疼了。"（其他小朋友都用无比羡慕的表情看着他）

此类方法，可举一反三使用。效果甚好！是不是特别有趣、特别好玩？

这个教育灵感，来源于小时候我的经历。我小的时候也曾经假装脚疼希望获得妈妈的"在乎"。妈妈当时就跟我说："妈妈这里有一个神秘的罐头，你只要一吃，脚就不疼了。"于是，妈妈拿来一罐罐头给我吃。嘿，我的脚就"奇迹般"地不疼了。

儿童这疼那疼，很多时候，只是"要人疼"。当我们大人站在儿童的角度读懂了他们的"小心思"，教育就成了美丽的童话。

读懂儿童的"小心思"，表面看，受益的是儿童。其实，受益的也是大人。因为这种"读懂儿童"的处理方式，让我们有了一颗"不老"的童心，永远年轻、永远开心！

"想法",最贵

"想法"最昂贵、最珍贵、最难能可贵。

大英图书馆建了一栋漂亮的新楼,准备整体搬迁过去。但书那么多、那么重,要想搬过去,要花350万美元。

现在,我们来进行一次角色转换:如果你是馆长,你准备怎样用尽量少的钱把海量的书搬到新馆去?雇用廉价的劳动力吗?发动所有员工及其家属发扬奉献精神?要求新馆建设者承担这个义务吗?……

不着急往下看,先闭着眼睛静静思考一下:有没有什么更好的办法?

你是不是依然在想着如何去"搬"?局限在"搬"的思维里,估计难以想到一个巧妙的方法。这个时候,是不是有一个有"想法"的人就显得特别珍贵了。

有位年轻人对馆长说:我来帮你搬,只要150万。年轻人在报纸上登了一则消息:即日起,大英图书馆免费、无限量向市民借阅图书,条件是从老馆借出,还到新馆去……

年轻人从"搬书"的思维模式,转换为"还书"的思维模式,结果花了不到一半的预算费用就完成了这个看似不可能完成的任务,自己也成了百万富翁。就这个"想法",价值百万!是不是很昂贵?

一家公司提供午餐和晚餐。午餐吃饭的人数一般比晚餐要多,所以做午餐的供应商利润更高。但是,午餐做得很糟糕。怎么办?派人盯着厨师好好做?隔一段时间换个大厨?要求他们更新菜谱?这些办法,公司都没用。而是想出了一个制度:

1. 选2家供应商,一家提供午餐,另一家提供晚餐。
2. 每3个月做满意度调查,是喜欢午餐还是晚餐?
3. 如果喜欢晚餐的多,午餐、晚餐供应商交换。
4. 如果连续6个月,午餐都胜出的话,更换晚餐供应商。

自从这个制度开始实施,那个表示"自己已经做得很好了""换口味成本就要大幅提高"……的供应商很快就能提供比原来好得多得多的服务,员工的满意度也大大提升。

面对这个问题,一般人的思维模式就是要求供应商提高水平,不行就换掉。而有"想法"的人,他的思维模式是,引入竞争机制,让竞争代替人工,去监督供应商,使其提供更好的服务。

好的"想法"从根本上解决了问题,让员工接受了优质的服务,是不是很"珍贵"?

乔布斯对产品的极致追求来自他的养父。他的养父是一名木匠,做家具的时候,却和其他木匠的做法不同,即使是家具靠墙的和底部的板面也会用上好木料。乔布斯非常不理解,问养父:"那些暗面的木板我们根本看不见,为什么还要用好木头呢?"养父告诉他:"你知道咱们家这个柜子后面的板是好木头,和你知道咱们家柜子后面的板是坏木头,感觉是不一样的。"这个回答影响了乔布斯的一生，也影响了乔布斯对产品的定义。你看不到的地方他都做到了极致，更何况你看得到的地方呢？有"想法"的父亲成就了一个有"想法"的儿子。有"想法"是不是最难能可贵？

同一件事，不同想法的人去做，效果会截然不同。由此可见，转换思维，做一个有"想法"的人何等的重要。

如何才能让自己变得有"想法"？必须每日阅读、每日思考。因为一本书、一篇好的文章都有一套好的思维模式。读的书越多，就会理解越多不同的思维模式，让自己成为一个有"想法"的人。

读万卷书，行万里路，我们就能以自己的理解和经历，打开思维转换的开关，构建自己的思维模式，然后再用这个思维模式去理解这个世界。

"想法"最贵。愿有缘读到此文的人都能成为一个有"想法"的人。

好的教师的简单表达

我在读老舍先生的散文《我的理想家庭》期间,听了一场方张松老师生动深刻的讲座"理想课堂与课堂文化",感触颇深。然后我就有了关于"理想的教师的样子"的思考。纯属个人观点,难免片面。我们可以对照,为自己打个分:有其中的10种样子,便为合格;有其中的12种样子,便为良好;有其中的15种样子,便为优秀;有其中的18种样子,便为完美。

一
样子看上去:舒服

理想的教师的样子,倘若是个男的,最好长得帅气一些;倘若是个女的,最好长得好看一些。倘若不那么帅、不那么好看也行,穿着一定要干净,头发尤其要干净,不能油腻,发型最好也要好看一些,让人看了舒服。因为,学生喜欢你的样子,才会悄悄地喜欢你的学科。

二
语气听上去：平等

教师的言语底线是：不能粉碎学生的梦想。我所希望的理想的教师的样子，说话的语气就像朋友，从不会居高临下，让人感到很平等，听着很有安全感。即便是学生犯了错误，也绝不会不分青红皂白地批评数落，而是坐下来与学生好好聊一聊。换位思考，学生犯错的原因是什么，然后一起解决。

三
表情看上去：亲切

理想的教师的表情看上去要亲切，尤其是学生与自己打招呼时，要微笑点头，嘴笑成月牙儿形。倘若偶尔爱抚她，摸摸学生的头，或是夸赞一下，或许能让学生获得一整天的好心情。千万不能在学生打招呼时，严肃地"嗯"一声，甚至视而不见，很有架子的样子。这会让学生心寒。

四
坐在课堂里：轻松有趣

理想的教师的课，从不感到沉闷和压抑，而是感到轻松和愉悦。即便是遇到有难点的问题，他也能带领学生轻松逾越。他从不夸大知识的难度，而是鼓励学生将难点踩在脚下。偶尔冒出一两句经典的幽默句子，做一个有趣的人，让学生乐一乐，也非常好！

五
与学生交流：有共同话题

理想的教师要能懂点文化热点，理解并尊重学生的兴趣爱好,最好也能与学生一起聊一聊热点的话题。孩子喜欢唱的歌,教师也能哼上一两首。不要给学生老古董的感觉。理解学生的年龄特点与心理特点。

六
专业修养:知识广博,口才极好

理想的教师读的书一定要多,要有极其丰富的知识。在课堂上,总能讲点课本之外的东西。每天的课堂都能带领学生领略知识的无穷魅力,课讲得风趣幽默,富有智慧。不仅自己喜欢读书,喜欢侃书,还要带领学生一起看书。与学生看一样的书,找到共同的聊天话题。要让学生见证语言的力量,勇敢展示口才的魅力!要虚心向学生学习!越是谦虚的老师,越是让学生崇拜!

七
布置作业:不要太多

理想的教师布置作业一定不能太多,尤其是简单重复的作业,因为这样,无法刺激学生对于该学科的兴趣。因为学生表现好,偶尔给予奖励:不布置书面家庭作业,孩子只须自由看书,或是自由运动。孩子们一定是感激你的,更是无比兴奋的!

八
理解、赏识学生

教育是从理解和赏识学生开始的。从不在公众面前,伤害学生的自尊。学生只要有一点进步,总会毫不吝啬地夸赞,点燃学生的热情,增强学生的自信。最好不要在学生取得进步时，用"虽然……但是……"的句式，这会让学生不自信。可以用"哇，真是太让我惊讶了""估计你还能……"这样的句式，既让学生获得足够的自信，又让学生心情愉悦地"仰望星空"。要做一个能让孩子时刻感受力量与温暖的教师。

九
写一手好字

理想的教师一定要写一手好字。这是不分学科的。我在上初中的时候，教生物的金有来老师、教化学的刘瑄老师、教语文的张明泉老师都写得一手好字，我上课的时候就喜欢在书的角落模仿老师的字体，特别喜欢上这些老师们的课，因此对这些学科也很感兴趣。理想中的教师，即便字不那么漂亮，也必须写得很工整，给人一种清爽之感。尤其是板书，最好有一定的逻辑性，这是对学生进行逻辑教育的好时机。

十
是优秀的朗读者

理想的教师一定是一位朗读爱好者。因为，教师的朗读是最神圣，也是最具感染力的。如果你读得足够好，学生一定会在你朗读的时候倾慕地看着你。我看过好多特级教师在上课的时候，就喜欢用自己朴素的范读，引领学生，这是最简单而又最伟大的行为艺术。于永正、贾志敏、薛法根、管建刚等教育大家就是这样。朗读比曼妙的舞姿更为动人心弦，比婉转的歌声更为醉人心扉。作为一名教师，若能用朗读让周围的空气氤氲着淡淡的书香，充盈着琅琅的书声，学生会感恩生活赐予的美好和幸福。英语同样如此，甚至数学老师也同样需要。方张松在"理想课堂与课堂文化"的报告中，就有这样的观点：数学不好的人，首先要补阅读。阅读多了，理解能力才能随之提高。

十一
喜欢唱歌

爱就大声唱出来。理想中的教师，无论教哪一门学科，最好都要喜欢唱歌。即便五音不全，唱歌偶尔走调也没事，因为这传递的是一种快乐的生活态度。我眼中的"教育圣经"——《斯宾塞的快乐教育》中，就专门讲了"要与孩子一起快乐地唱歌"。一个不喜欢唱歌的人，内心是不快乐的。因为，爱唱歌是人类的天性。我们的祖先在森林中唱歌，在河流中唱歌，在黑夜中唱歌。唱歌能释放心中的负面情绪，能让大脑变得兴奋，也能使肺部和腹部得到运动。我们要想让学生放声歌唱，自己就得先唱歌。于永正老师上课总喜欢给学生唱京剧，这对增加自己的人格魅力极有好处。

十二
宽容，有同情心

理想的教师应非常民主和宽容，富有同情心。宽容是最大的美德，同情心是最高尚的情感。所有的教育都应建立在宽容、爱及快乐的基础之上。因为，训斥和恐吓对智力发展没有任何益处。不管面对什么样的孩子，都有比暴力更好的开启智力的方法。孩子只有在快乐、放松、舒畅的情绪中，才能汲取新的知识。对于孩子而言，真正有用的，不是惩罚，而是爱和鼓励。

教师宽容、有同情心最大的好处是，教出来的学生也会变得宽容和有同情心。

十三
教给学生思维的方式

理想的教师不仅应教给学生学科的思维方式，也应渗透给学生生活的思维方式。学科的思维方式，能让学生学会学习、独立学习，获得终身学习的本领。生活的思维方式，能让学生在生活中遇到烦恼、遇到挫折时，不钻进死胡同，用哲学智慧，获得自我的解脱，拥有健康的心理。

"合格的老师教知识，优秀的老师教方法，智慧的老师教思想。"当然，这种"教"不能"说教"，最好做一个讲故事的高手，让教育变得无痕，让学生从故事中获得思维方式。

十四
注重细节

理想的教师应尤其注重自己的教学细节和生活细节。比如朗读时拿书的姿势是否好看，板书是否有艺术的美感，粉笔头掉在地上是否弯腰捡起，等等。请重视这些看似微不足道的细节对于孩子的影响。或许在未来的某个时刻，回忆某位老师，留在他们心中的印象，不是学科知识，而是某个细节。

十五
能自律

理想的教师一定要用自己某个方面的自律，让学生变得自律。这种自律，可以表现在教学或是生活的某一个方面。比如，每天5分钟的经典诗文积累，每天临帖一幅，每天做一条数学思维题，每天在"百词斩"上学习，每天写日记，每天运动一小时，每天整理教室，等等。一定要选择一个小的方面，持久地做下去。这是在无形中传递给学生持之以恒的力量。柏拉图做苏格拉底的学生时，能每天坚持"甩手300下"这样的细节，就注定了他未来的成就。

十六
相信每一位学生的可能性

理想的教师一定是相信学生的，相信每一位学生都有无限的可能，让每一位学生的内心都住进一个美好的"理想国"。每一位学生都是未被承认的天才。老师应该站在学生的立场，去实施积极的教育活动，去充分挖掘学生发展的无限可能性。理想中的教师都应是"长大的儿童"，能走进孩童的内心世界，充分地信任每一位学生，让每天的学习都成为前往他们发展可能性的邀请，让每一位学生都能步入自己发展的可能性王国，让每一位学生都能在学习过程中走出属于自己的美丽风景。千万不能抛给学生哪怕一束带有鄙夷的目光，千万不能给孩子贴上带有负能量的标签！谁也不能预料未来会怎样。一切皆有可能。

十七
善于反思

理想的教师一定是善于反思的。一定不会对学生大吼：这么简单的题目，我已经讲了3遍，你怎么还没听懂？而是反思自己：是不是我讲的方法不够好？我有没有更好的方法、更简单的路径，让学生能一下子就听得明明白白？这即是所谓的"吾日三省吾身"。

十八
善"变"

  理想的教师最好能善于变化。不要每篇文章总是用同一个套路去教学，不要每堂课上都是同样的程序，不要每天晚上都能被学生猜到作业的内容。要变着法子去教学，变着法子转换作业形式，变着法子搞活动，就像饭店总会不断更新特色菜，让人拥有新鲜感。课堂中的不确定性，以及学生无法预料的精彩方可保证学生学习的热情。所谓改变世界，改变自己。

  我在写此文时，是以身边很多优秀教师为原型的，所以，在字里行间可以看到一些教师的影子，只是，描述的理想的教师是个综合体，做到真的不易！

（本文被《人民教育》微信公众号全文转载）

好的课堂的简单表达

好的课堂就是你讲课的时候学生一点儿也不想分神的课堂。

好的课堂就是"把枯燥的知识变得有趣,把难懂的知识变得简单"的课堂。

好的课堂,儿童的眼睛闪闪发光,思想自由奔放,师生的灵感相互激发。

好的课堂生长智慧,引导学生自学。

好的课堂,老师就是一个长大的儿童。

好的课堂是理解儿童的课堂,是儿童身心自由的课堂,是可以听到欢声笑语的课堂。

好的课堂是"思维力、感受力、想象力、创造力美丽绽放"的课堂。

好的课堂使学生掌握新知识、培养新习惯,激发和正确引导学生的兴趣。

好的课堂培养学生的积极情绪,减少学生的消极情绪。

好的课堂注重发现和激发学生的优点。
好的课堂注重思维过程的开发。

好的课堂培养学生的批判能力。
好的课堂，师生学会尊重和负责任。
好的课堂尊重并发展学生的个性。
好的课堂是审美的课堂。
好的课堂是须守规则的课堂。
好的课堂让孩子内心充满阳光。
好的课堂让孩子激情飞扬。
好的课堂为孩子打开一扇扇窗。

好的课堂动静相宜。
好的课堂，儿童的生命在歌唱。
好的课堂是教育思想的精彩表达。
好的课堂与儿童的生长融为一体，相得益彰。

好的课堂让儿童站在课程的正中央。
好的课堂不仅在于形式更在于拥有教育的思想。

好的教育的简单表达

好的教育就是认同,偶尔淘气的孩子才是真实的孩子。

好的教育就是孩子遇到困难时,你微笑着对她(他)说:别怕,我一直在。

好的教育就是即便美好再短暂,我也要在记忆里存个档。

好的教育就是告诉孩子:不懂,就问。

好的教育就是给孩子勇气,再尝试一次或者很多次。

好的教育就是让每一个孩子都用自己独特的方式发光。

好的教育就是关注你,但不关住你。

好的教育就是不给孩子贴标签。

好的教育就是有个小秘密,只有我俩知道。

好的教育就是允许孩子发牢骚。

好的教育哪怕是一点点的成长,也要给他最热烈的鼓掌。

好的教育就是答应孩子的,就要努力做到。

好的教育就是孩子慢慢说，爸妈耐心听。
好的教育就是常给孩子带来一些小惊喜。
好的教育就是即使事情再小，也要认真做好。
好的教育就是让孩子看到独一无二的自己。

好的教育就是让孩子摔摔跟头。
好的教育就是让孩子心存善良，懂得如何去爱。
好的教育就是让孩子看见更广阔的世界。
好的教育就是让孩子通过自己的劳动，创造生活的美好。

好的教育就是培养孩子至少一样可以追随一生的兴趣爱好。
好的教育就是永远保护好孩子的好奇心。
好的教育就是让孩子相信自己一定能行。
好的教育就是对孩子说：我可以等等你。

好的教育就是不唠叨。
好的教育就是孩子常常看到你的微笑。
好的教育就是你大胆放手，孩子才能取得进步。
好的教育就是孩子读书时，你也读书。

好的教育就是把自己变回儿童，把儿童看成自己。
好的教育就是常陪孩子赏花草、数星星、看月亮。
好的教育在育儿辞典里从来没有"别人家的孩子"。

好的教育就是孩子的每一个为什么，都要认真回答。

好的教育就是告诉孩子，所有天才一定出于勤奋。

好的教育就是让孩子成为主角。

好的教育就是孩子的童年，父母从不缺席。

构建良好的内心秩序
——写给老师、学生、家长的心语

致老师

你一定明白,但更须平静接受这样一个观点:你所讲过若干遍的知识点,不是所有孩子都能掌握。

你一定明白,但更须平静接受,因为孩子性格多样、勤奋程度不同、专注程度不同、接受领悟能力不同……因此,不是所有孩子都能考出你觉得理想的成绩。所以成绩才有了等级的不同,考上的大学才有了层次的不同。

因此,亲爱的老师们,构建良好的内心秩序,须淡定、从容,"面带微笑、嘴角上扬"地走进课堂,把自己当作一束光,点亮每个孩子心中的梦想。

致学生

你一定要用几分钟问问自己:哪一门学科是自己的弱科?每一门学科还有哪些知识点没有掌握好?

知道哪里有问题,比埋头复习更重要。可以读背的知识盲点在考前完全可以得到解决。关键是你要思考并清楚地知道：你的盲点在哪里？只要没到考试的那一天，你的所有问题都有得到解决的可能。临阵磨枪，不快也光！

因此，亲爱的孩子们，构建良好的内心秩序，须冷静、自信，抓紧考前的每一分钟，"全力以赴"、精准、高效地复习，让自己的考试不留遗憾。

致家长

每天爱抚你的孩子，无论小学、初中还是高中。比如跟孩子拥抱一下，比如摸一摸孩子的头，比如真诚地、信任地微笑着与孩子进行目光的交流，让孩子获得考前的安全感与安定感。

你的爱抚比你的唠叨、埋怨甚至指责好上一百倍。孩子出类拔萃自然很好。倘若普普通通、平平凡凡也很不错。

因此，亲爱的家长们，构建良好的内心秩序，须微笑，再微笑，做好"后勤部长"的工作，安静地陪伴、温暖地鼓励，给孩子一个安静的时空就已很好。

语文,既要学口头语言,也要学书面语言

"语文"这门功课,是学习运用语言的本领的,那么为何不叫"语言",而叫"语文"?因为口头说的是"语",笔下写的是"文"。"语文"这个名称,表明口头语言和书面语言都要在这门功课里学习。

口头表达能力在与人交流、公开演讲、招聘面试等场合尤其重要,书面表达能力在文稿写作、创意表达、著书立说等方面不可或缺。

培养"听说读写"四大本领

无论口头语言还是书面语言都必须学会四个本领:听别人说话,说给别人听,读别人写的东西,写自己的东西给别人看。

听,需要看着听、专注地听、微笑着听、思考着听。说,需要大方地说、完整地说、有个性地说、有逻辑地说。读,需要用心地读、投入地读、有见解地读、有表情地读。写，需要工工整整地写、通通顺顺地写、带着思考去写、带着自我去写、带着创意去写。

"听""说"和"读""写"一样重要，语文水平的高低不仅要看"读""写"，也要看"听""说"。

确立目标之后，再开始"教与学"

那么，每天的语文课就应该明确"听说读写"的目标，每个学期的语文课也应该有学期的"听说读写"目标。这些目标必须明明确确，要有明确的"先后次序"，要有阶段的训练重点，切不可没有目标，更不可随意为之。

如果没有目标地走进课堂，我敢肯定不管是老师的教还是学生的学，都是事倍功半甚至杂乱无章的。

左手阅读，右手写作

熟练地运用语言文字，并不是生活上的一种奢求，而是每个人都必须具备的一种生活能力。语言文字的学习，不仅是通过理解得到一种知识，更重要的是养成一种阅读与写作的习惯。

阅读是"知"，写作是"行"；阅读是"输入"，写作是"输出"。唯有左手阅读，右手写作，"知""行"融合才是语文应该抵达的美好境界。

左手阅读，阅读中的思维火花稍纵即逝，要及时记录下来让刹那成为永恒；右手写作，一旦拥有了写作的冲动，一定要抓住写作的灵感，不放过任何一次写作的机会。

"厚积"之后,方可"薄发"

养成良好的语文学习习惯,必须经过反复的历练。仅凭课本中的课文学习,是远远够不上"反复历练"的。必须应用研读课文时得来的知识去阅读其他的书,不断充实自己、不断提升自己,"厚积"之后方可"薄发"。

读书,不保证命运会好好对待你;但可以让你更理性、更淡然地对待命运。读书不仅开阔我们的眼界,而且博大我们的胸怀,更能坚强我们的意志。

"厚积"之后,一切皆可云淡风轻。这种心态,十分重要。这是不是也可以看作是"语文"这门学科的一项使命?语文无比美好,十分重要,好好学习吧!

语文，爱你一万年

语文，是一门很有意思的学科，是一门充满魅力的学科，是人生中最重要的一门学科，语文，我想对你说：爱你一万年！

语文是基础的基础

语文，是所有学科中最基础的学科。正如数学家、复旦大学原校长苏步青所说，如果数学是学习自然科学的基础，语文则是基础的基础。语文学科不光要提升语言运用的能力，还担负着思维能力、审美能力的培养和文化传承的使命。

阅读既在课内，也在课外

语文的学习，不光是提高读写能力，最基本的是培养读书的习惯。阅读面宽了，视野开阔了，考试成绩不会差。在小学初中阶段养成读书的爱好与习惯，就可以打好一生发展的底子。没有课外阅读，语文教学就只是"半截子"。

新编语文教材主张读书为主，读书为要。抓住这条，就可以化繁为简。

精读与泛读（略读）的结合

语文学习要重视精读与泛读（略读）的结合，并且一定要指向课外阅读，把课堂教学引申到课外，和学生们的学习生活联系起来。

深文是可以"浅讲"的

深文是可以"浅讲"的。如果某一篇课文对多数学生来说的确太深，那么要求不妨降低一点。不要所有课文都细嚼慢咽，生怕留下哪些不懂的。全都抠得那么精细，阅读量肯定上不去，语文素养的提升也就无从谈起。

加强思维训练

语文学习最需要加强思维训练，特别是批判性思维。通过"语用"的学习把思维能力带起来。这是我们当下语文教学的弱项。

读书不能成为"配角"

要把读书当作活动的"支架材料"，最重要的还是读经典，读基本的书。要防止把读书当作活动的配角。

孩子也应当有他们的阅读自由

在阅读兴趣培养上，有时也应允许孩子选择感兴趣的书来读，可以"不求甚解"；要求孩子凡是读书就写笔记，就学怎么写作，这也是煞风景的。

孩子也应当有他们的阅读自由。

语文老师要当"读书种子"

要让学生对读书、对语文课有兴趣,前提就是语文老师是"读书种子"。老师不能只读教辅、文摘一类,或者只是很功利地职业性阅读。语文老师要当"读书种子",要有属于自己的自由而个性化的阅读空间。

左手"兴趣",右手"方法"

要把书目的提供和语文教学结合起来。语文老师可以借这个书目来做两件事。一是激发读书兴趣。你推荐了30本书,他能够读3本就不错了,慢慢进入状态,唤起阅读的兴趣。怎么引起孩子们的读书兴趣?不能只是布置阅读任务,我们的语文老师还得想想办法。

二是教授读书方法。书目不只是介绍书,还应提示读的方法。对中小学生来说,阅读方法的掌握很重要,是基本的语文素养。

"连滚带爬"地读

不要每一本书都那么抠字眼,不一定全都要精读,要容许有相当部分的书是"连滚带爬"地读,否则就很难有阅读面,也很难培养起阅读兴趣来。

周国平先生讲到,阅读就是最初的恋爱,恋爱搞得全都那么严肃,甚至面目可憎,那怎么可以?"连滚带爬"地读,包括浏览、快读、猜读、跳读、群读等,学生可以无师自通,但有老师指导一下,甚至纳入教学,就事半功倍了。

读一些"闲书"

鼓励海量阅读,鼓励读一些"闲书",也就是和考试,甚至写作并不一定"挂钩"的书。鼓励读一些"深"一点的书,可以"似懂非懂"地读。

"1+X"学习

所谓"1+X"的办法,即讲一篇课文,附加若干篇泛读或者课外阅读的文章,让学生自己读,读不懂也没关系,慢慢就弄懂了。这种方法可以增加阅读量,改变全是精读精讲且处处指向写作的那种教学习惯。

古诗文反复诵读最"实用"

怎样教好古诗文的课?最好的办法就是反复诵读,读得滚瓜烂熟,不用有过多的阐释,也不要搞太多活动,宁可多读几遍、多读几篇。

古诗词教学注重让学生感受诗词音韵之美、汉语之美,也许一时说不清美在哪里,总之积淀下来,就有感觉了。古诗词教学不要过于烦琐,不要像外科手术那样,把音韵之"美"都给弄跑了。

课型要"百变"

不要学什么文体,无论小说、散文、诗歌、童话、议论文、科普文,全都用差不多的程序和讲法。不要上诗词课,也分析主题意义;不要上童话课,和上小说课差不多,还是人物性格、艺术手法等。

语文,爱你一万年

语文,是一门很有意思的学科,是一门充满魅力的学科,是人生中最重要的一门学科。语文,爱你一万年!

重新"学教语文"

面对统编新语文教材,从教 20 多年的我,感到陌生又熟悉。

陌生是因为很多课文都是新的,熟悉是因为有不少课文是我上小学时读过的;陌生还因为教材的编排结构是全新的,熟悉还因为无论如何编排,人文主题和语文要素依然是语文教育的核心。

最近,学习了不少非常优秀的统编教材的样板课,我心底涌起的最强烈的声音是:我得好好从头开始学习了!

我将小学 12 册教材读了又读,将我最近的学习进行了一个梳理。

统编教材的双线并行

双线组织单元结构,采用"人文主题"与"语文要素",创建灵活的单元结构体例,强化语文学习的综合性和实践性。

一方面按照"人文主题"(如"修身正己""至爱亲情""人生之舟"等)组织单元,形成一条贯穿全套教材的、显性的线索,但又不像以前教材那样给予明确的单元主题；同时又有另一条线索，即将"语文素养"的各种基本"因素"，包括基本的语文知识、必需的语文能力、适当的学习策略和学习习惯，以及写作、口语训练等，分成若干个知识或能力训练的"点"，由浅入深，由易及难，分布并体现在各个单元的课文导引或习题设计之中。

每个单元都有单元导语，对本单元主题略加提示，主要指出本单元的学习要点。

"三位一体"的阅读体系

统编本语文教材有意识地改变课型不分的状况，加大了精读和略读两种课型的区分度，初中教材干脆改"精读"为"教读"，改"略读"为"自读"。新编教材的阅读教学，以各单元课文学习(分"教读课文"和"自读课文")为主，辅之以"名著导读"和"课外古诗词诵读"，共同构建一个从"教读课文"到"自读课文"再到"课外阅读"的"三位一体"的阅读体系。并在这方面凸显特色，以更好地贯彻课程标准提出的"多读书，好读书，读好书，读整本的书"的倡议，并达到课标提出的九年义务教育课外阅读总量 400 万字以上的要求。

简单、明白却深刻地教语文

语文不是"迷宫"

面对一年级的小朋友,千万不要将语文教得像迷宫一样七绕八绕,最终学生还是云里雾里。

语文的学习可以教得很简单,可以教得很明白,当然,也需要教得很深刻。

语文特别需要培养"思维力"

以下以语文《我多想去看看》为例,课堂上只须抛出一个问题:文章中的"我"是不是同一个人?孩子们的思维就会瞬间被激活,别小瞧一年级小朋友的思维力。

我多想去看看

妈妈告诉我,沿着弯弯的小路,就会走出天山。遥远的北京城,有一座雄伟的天安门,广场上的升旗仪式非常壮观。我对妈妈说,我多想去看看,我多想去看看!

爸爸告诉我，沿着宽宽的公路，就会走出北京。遥远的新疆，有美丽的天山，雪山上盛开着洁白的雪莲。我对爸爸说，我多想去看看，我多想去看看！

请看课堂实录：

生1：第一段中的"我"是"沿着弯弯的小路"，第二段中的"我"是"沿着宽宽的公路"，可以看出不是同一个人。

生2：第一段中的"我"是"走出天山"，说明他的家在天山脚下；第二段中的"我"是"走出北京"，说明他的家在北京城，可以看出不是同一个人。

生3：一个是新疆人，想去遥远的北京城；一个是北京人，想去遥远的新疆，所以不是同一个人。

生4：我看了课文中的插图，左上角和右下角的小男孩，样子、穿着、打扮都不一样，所以不是同一个人……

小朋友的思维力实在是太强大了，置身于课堂中的我惊叹不已！

语文特别需要"转换力"

把读到的内容转换成自己的语言，并流畅地表达出来，这是看似容易实则不易的一种能力，也就是语言的"转换力"。

所以，这篇课文的教学，在搞明白"我"是不是同一个人这个问题后，可以抛出第二个问题：两个"我"为什么"多想去看看""多想去看看"？要求：反复读课文，练习说，交流时尽量不看书哦！

这个问题抛出后，小家伙们读得摇头晃脑，练得热火朝天，自然，说得也是非常精彩。

语文特别需要"感受力"

语文学习,除了要有清晰的逻辑思辨能力、优秀的语言表达能力,更重要的是要有极强的感受力。

感受力强的人内心细腻,对文字要表达的情感特别敏感。感受力弱的人则常常冷漠、木讷,对文字要表达的情感无法体悟。我认为这篇课文培养感受力的最佳途径就是朗读,读得投入,便是具有感受力!

所以第三个活动就是:比一比,谁的朗读最棒,让人感觉"多想去看看"。这一活动激发了小朋友的朗读热情,孩子们的感受力也在悄然生长。

语文特别需要"模仿力"

对于一年级的孩子来说,要想提升他们的语言运用能力,"模仿"是一个极其重要的途径。

这篇课文是一个特别好的例子,可以让孩子们模仿着说说"我多想去看看",让孩子们在课堂上进行语言的实践,小朋友们的想象力、模仿力、表达力都会让你大开眼界。想去台湾的、想去武汉的、想去上海迪斯尼的……短短的时间内能模仿着说一段话,超棒!

一问一答、支离破碎的课堂,会使得学生的思维一直处于懒散状态。学生没有积极的语言实践,语文素养也"看不见生长"。

从一年级起,就要简单、明白却深刻地教语文,培养孩子们的思维力、转换力、感受力、模仿力,那样孩子们的语文学习,一定生动活泼,美好可期!

关于"语感"这东西

"语感"不是东西

"语感"不是东西,而我今天要谈的却是"语感"这东西。

关于"语感"这东西

语感就是一种对文字的灵敏的感觉,它是个体在长期规范的言语实践中逐步养成的一种具有浓厚经验色彩的,能比较直接迅速地感悟和运用语言文字的能力。

语感能力是一个人的言语能力,即听说读写能力的核心。

大师们说"语感"

叶圣陶先生曾经强调,语言文字的训练,最要紧的是训练语感。多读作品,多训练语感,必将渐能驾驭文字。

吕叔湘先生则更是明确主张,语文教学的首要任务是培养学生各方面的语感。

王尚文先生说,因为语感不是东西,也不是知识、观念、教条，因而不能给予，不能灌输，不能强加，不能移植，也不能"粘贴"。语感只能从自己的心灵深处慢慢地滋生起来。

培养"语感"这东西
一靠"读"

作为语文教师，必须充分认识并遵循学生语感发展的基本规律，促进学生在言语实践中不断顺应各种语感。语文教师的任务，主要不是教导学生、控制学生，而是通过课文向学生提供一个更活跃、更开阔的语感训练平台，还学生以自主发展语感的时间和空间。

语文不是无情物，文本所要传达的情感就藏匿在语言文字之中。这些文字或生动，或风趣，或规整，值得学生细细地涵泳、品味、鉴赏。因此，语感的培养一定离不开学生的读。体会课文语用的规范感主要靠读，把握课文语用的逻辑感主要靠读，感受课文语用的得体感主要靠读，辨别课文语用的分寸感主要靠读，领悟课文语用的情味感主要还是靠读。

二靠"积累"

语文是一门工具性和人文性都较强的学科。在语文课上学习语言，就是为了积累与运用。因此，教师要引导学生有意识、有计划地积累课文中规范、精美、鲜活的言语材料，积淀高品位的语感。通过让学生熟读成诵，最终达到"使其言皆若出我之口、使其意皆若出我之心"的程度。通过熟读积淀下来的语感图式，就能在学生的读写实践中发挥生成、监控的作用。学生在使用言语表达自己的思想情感时，就会觉得只有按这样的方式表达才对、才顺、才美，一开口、一动笔就会自然而然地说成、写成这个样子。

三靠"言语实践"

在所有的学科中，语文学科是运用最广泛、最实用的。要想让学生在学习的过程中能够正确、恰当地运用语言，教师务必要多创设语言实践的情境，通过仿一仿、变一变、创一创等丰富多彩的形式让学生与文本、与作者、与文中的人物进行对话，促使学生积极主动地参与到听说读写的言语实践中去。引导学生在交际运用的过程中，进一步感悟言语之神妙，洞察言语之精髓，把握言语之理趣，从言语实践中习得丰富的语感。

语感的培养是一个循序渐进、熟能生巧的过程，"朗读品味—大量积累—言语实践"这一流程正是遵循了语感习得和发展的基本规律。

如此，定能练就孩子们敏锐的语感。

最好的教育，是人点亮人

罗振宇的跨年演讲"时间的朋友"首创"知识跨年"新范式，并开创了"跨年演讲"这一原创文化产品类型，每一年的演讲信息量都特别大，能量也是特别大，对于我的影响更是特别大。

2015年，他的跨年演讲在北京水立方举行，主题是"商业文明"；2016年，他的跨年演讲在深圳春茧体育馆举行，主题是"创业者的竞争环境"；2017年，他的跨年演讲在上海梅赛德斯奔驰文化中心举行，主题是"中国式机会"；2018年，他的跨年演讲在深圳春茧体育馆举行，主题是"小趋势"；2019年12月31日晚，罗振宇在上海东方体育中心开启他的第五场"时间的朋友"跨年演讲，主题是"基本盘"。

2019年的跨年演讲有一个板块，专题谈"教育"，给我的启发很大。

教育注定令人焦虑

作为家长的我、作为教师的我，几乎每天都被"焦虑"缠身,几乎每天都在对抗"焦虑",为此,我曾经写过一篇文章《对抗焦虑》。

很显然,这是很多家长或教师生活的现状,罗振宇在演讲中这样说:"我不能劝你别焦虑,哈佛前校长德里克·博克不是说过吗?'假如你觉得教育的成本太高,试试看无知的代价。'坦率地说,人为了自己成长而感到焦虑,可能永远没有解药。人类文明本来也依托于此。"

何为好的课程?

何为好的课程?北京十一学校联盟总校校长李希贵说,课程这个概念本身都在发生转变。课程是什么?不是知识的注射器,而是要把社会上的那些挑战,学生们将来会遇到的那些问题,打包浓缩,变成课程,让学生们提前体验,提前触发学生们的禀赋。

这是两道语文题:如果你想增加一个节日,增加哪个节日,理由是什么?如果你想减少一个节日,减少哪个节日,理由是什么?

你看,这都不是考察你任何领域的知识,这是给你一个真实世界的挑战,看你如何应对它。

再给你看一项中学语文任务。罗振宇曾提到他去参观一所名校的时候,随便走进一个教室,正好赶上学生们在学《史记》。怎么学呢?背司马迁的生卒年份,还是朗读精彩节选?都不是,他们的任务是:给《史记》里的任意一个人物写一份求职简历。

你看,这还是一个真实世界的挑战,它牵扯的知识有哪些呢?比如,要想给刘邦写简历,首先,你得对刘邦的生平背景足够了解,有哪些工作经历,擅长做什么,有哪些社会上的人脉资源。其次,你得了解他应聘的那份工作。比如说你要让刘邦应聘某牛奶品牌上海市场的销售总监,你得知道这个工作需要什么能力。更重要的是,你还得有本事穿越到刘邦的内心,站在他的立场上,帮他通过这份求职表,完成一次自我推销。

清空了,才能装下更大的梦想

深圳大学是从录取通知书开始,就致力于"点亮"自己的学生。每一年深圳大学的录取通知书,都能成为一个引爆社交媒体的网红现象。

学生收到的是一个装着丰富内容的盒子。比如有一年盒子里装了件T恤衫,学生在报到那天穿上,就能一眼被学长们认出来,获得学长的帮助和欢迎。还有VR眼镜,戴上之后,可以提前看学校的各种风景。

但是当学生把里面的东西一件件都拿出来后,会发现在这个盒子的底部,印着这么一句话:清空了,才能装下更大的梦想。

你要是今年的新生,你会不会觉得自己马上要去的这所学校很酷。你对大学生活是不是就多了一份神往?因为你知道你的学校,已经在未来的四年大学生活里,为你点好了灯。

多年之后一位深圳大学毕业生回顾他的大学生活时,觉得这份通知书的分量,要超过很多课程。

最好的教育,是人点亮人

教育的根本,不是教材、不是课堂,而是人点亮人。教育,是一个闪闪发光的事业。教室,应该是一个闪闪发光的地方。教师,应该浑身上下都散发着迷人的人性光芒。如果说,教室每天都是学生心驰神往的地方,那么,在这个教室上的课一定是魅力无限的;而课堂上的老师,一定是浑身上下都散发着迷人的人性光芒的。

有时,击垮一个人的,不是来自身体的伤害,而是来自语言的暴力与精神的伤害。而点亮学生的,往往就是老师的一次鼓励、一次爱抚、一个爱的眼神。

课程的本质是激发禀赋,教育的本质是人点亮人。教育不见得是老师教给学生什么知识,而是点亮他的成长之路。

朱永新的 2020 年新年寄语

2020 年第一天,著名教育家朱永新在《未来教育家》发表了 2020 年新年致辞《让教育沐浴人性的光辉》,挑选几句,共勉!

教育最重要的是两件事,一是让人成为人,二是让人真正拥有幸福。

人是一个符号性的动物。只有通过教育,才能掌握符号,才能拥有精神生活,才能成为一个真正意义上的精神的人。……人的意义,自然不仅仅是活着。亚里斯多德说,幸福是人的最高目的。……

作为一线老师,我们有着许多无奈。面对各种各样的考试评价,面对各种各样的矛盾遭遇,尤其是面对未来人工智能社会的挑战，我们究竟应该如何处理，才能让我们的内心充盈而幸福？

　　唯一的答案，就是让教育沐浴人性的光辉。

　　拥有人性的人是明亮的，充满人性的教育是光明的。让教育沐浴人性的光辉，我们的今天将会更加幸福，我们的明天将会更加美好，我们的世界，将会因此璀璨。

教会孩子学习的三大能力

孩子学习的旅程，三大能力尤其重要，即阅读能力、思考能力、表达能力。阅读能力是输入，思考能力是加工，表达能力是输出。

会阅读的孩子，未来可期。会思考的孩子，力量无边。会表达的孩子，魅力无限。

会阅读的孩子，未来可期

阅读不是浏览，看懂并领会文本内容才是真的阅读，阅读是获得新知识的重要手段，阅读是发展学生智力的重要途径。

会阅读，便可"自能读书"，知识是学生自己学会的还是老师教会的，对孩子的发展意义也截然不同。会阅读的孩子，未来可期。

会思考的孩子，力量无边

真正的思维，应是"有根据的思维"。不是主观臆想，而是以事实及已得到证实的知识，作为依据进行的推论和思维。

真正的思维，应是"有条理的思维"。不是杂乱无序、逻辑混乱的思维，而是周到、系统、有逻辑的思维。

真正的思维，应是"有深度的思维"。不是浅表苍白的思维，而是直抵事物本质的思维。会思考的孩子，力量无边。

会表达的孩子，魅力无限

每个孩子都有表现自我、影响他人的需要，而实现这一目标最重要的路径即善于表达。所谓表达，就是用自己的语言说出对问题的认识，孩子能用自己的语言从不同角度阐述看法、发表意见，这不仅是理解的标志，也是从理解走向创新的关键一步。学习到的知识，通过表达，方能被激活、被转化、被升华。会表达的孩子，魅力无限。

当然学习能力还有很多，创新力、研究力、设计力、策划力……但无论哪种能力，都是以这三种能力为基础的。

拥有超强的阅读能力、思维能力、表达能力，人生定能迈向成功。值得共勉的是，这三种能力的培养需要家长、老师、孩子共同携手，方能提高到美妙境界。

语言的欢欣

车里的诗

从南通回如皋,搭乘一对才子佳人的车,闲聊中,聊到这对才子佳人的孩子在如皋中学读书,他们每天都会往返南通、如皋。我说:好辛苦啊!

谁料才子十分开心地为佳人诵诗道:

有这样一位女子,每天清晨,从如皋赶到南通,因为,她深深地爱着她的事业。

有这样一位女子,每天傍晚,从南通赶到如皋,因为,她深深地爱着她的家庭。

哈哈,妙哉!副驾佳人的疲倦立马烟消云散,乐得合不拢嘴。

坐在后座的我,看到才子没有丝毫感觉辛苦,反而幸福诵诗的样子,补充道:

有这样一位男子，每天清晨傍晚，都快乐地担任这位女子的司机，因为他深深爱着这位女子。

哈哈，车里所有人都欢欣不已，时光，也因为语言的欢欣，而变得浪漫无比。

听来的妙语

很多时刻，身边人的语言会给我带来欢欣。

有一位老师，为了表达她热爱教育事业，她说，她"嫁"给了"教师"。

有一位学生，为了表达对一位老师课堂的喜爱，她说，老师的课堂总有"拆快递"的新鲜感。有一位学生，表述语言、动作等细节描写应达到的效果时说，文章的语言要给人带来"3D"电影的效果。

严清老师赞美李吉林老师的好学善思，说，李老师在"小学"里读"大学"。

李吉林老师为了表达小学里也有大学问，说，小学很小，小学很大；小学很浅，小学很深。

一位特级教师十分谦逊地说，无须光芒万丈，但求温暖有光。

阳子小语

给人带来欢欣的语言，一定是智慧的，一定是有哲学意蕴的，一定是趣味无穷的，一定是值得反复品味、给人带来启迪的。

让我们一起静静聆听，享受语言的欢欣吧！

语文的美丽启蒙

启蒙源起

语文课上我带领小朋友们学《上学歌》，歌词中写道：

小鸟说："早，早，早，你为什么背上小书包？"

我故作"特别好奇"地问孩子们："我怎么就从来没遇见过'会说话'的小鸟？"

哈哈，教室里发出银铃般笑声的同时，露出一群可爱的"豁巴齿"："这是想象""这是童话""这是把小鸟当成人啦！"小家伙们得意地"教"着我呢！

我夸张地拖着长腔说："哦，原来是这样啊！"

启发过程

我继续与孩子们交流："嗯哼，那么，你们还在哪些故事里遇见过会说话的小动物？"小手如林，一双双智慧的眼睛澄澈得宛如一汪汪泉水，看着都心生喜悦。

"《逃家小兔》里的兔子""《狐狸和乌鸦》里的狐狸和乌鸦""《猫和老鼠》里的猫和老鼠""《喜羊羊与灰太狼》中的喜羊

羊与灰太狼""《狼和小羊》中的狼和小羊"……

个个争先恐后,声音稚嫩,活泼可爱。

言语实践

训练说话这件事,是极其重要的,从一年级就必须进行,且是需要训练时机的。

于是,我愉快地继续进行言语的实践。

"那,我们也来让身边的事物'说话'。"于是,我掰断了手中的粉笔,说:"如果你是这支粉笔,你会怎么说?"

"哇,好疼啊!""我长得这么漂亮,你怎么舍得掰我呀?"一个小女生嗲嗲地说。说完,小嘴还嘟了起来。

我又指着被刘老师擦得干净如新的黑板,说:"如果黑板会说话……"

"谢谢你啊!"

我接着引导:"谢啥呢?说得完整一些。"

"谢谢你把我打扮得这么好看。""谢谢你,帮我把脸洗得这么干净,好舒服啊!"一个小男生说得摇头晃脑。

刚入学三天的小家伙们说着可爱的话,说着自己的话,说着动人的话,而且说得那么快乐,那么积极。

我说,下课之后,都跟身边的事物去说说话。

教学效果

挑选几个孩子与事物"说话"的"作品":

"吊兰,吊兰,我很好奇你的头发为什么这么长,你为什么长得这么好?"吊兰慢悠悠地说:"因为我的主人天天给我喝水,天天给我打扮呀。""吊兰,你天天给我带来新鲜的空气,我会一直保护你,我们一起成长吧。"

——管贝晨

我有一只可爱的毛毛虫牙刷,刷牙的时候我老是喜欢咬它。一天,毛毛虫牙刷对我说:"我每天都给你清理嘴巴里的细菌,你怎么舍得咬我呢,咬得我的头发都乱了。"

——谢欣彤

"小雨伞呀,漂亮的小雨伞,每当下雨天你都会张开你的翅膀来保护我,谢谢你呀。"

——左房家旭

白白的橡皮像一块豆腐,它能帮我擦掉我写错的题目,有一天我拿起铅笔戳了它两下,它突然大叫起来:"你是医生吗,干嘛给我打针,我疼不疼啊?"于是我想起了医生给我打针的时候我也很疼,便说:"原来我们的感受是一样的,以后我会好好保护你,让我们成为学习中最好的朋友。"

——张珑耀

儿童的语言,散发着童真的芬芳;儿童的语言,纯粹得让人感动;儿童的语言,荡漾着美好的善良。

教学反思

为何《上学歌》中不是爷爷奶奶说"早早早"?不是哥哥姐姐说"早早早"?因为儿童就是喜欢儿童化的语言,儿童就是喜欢"童化"角色的语言。

不强加、不刻意、不教条、不高高在上,与儿童一起,友好相处,享受言语生长的欢愉。在语言启蒙的同时,进行思维的启蒙、进行情感的启蒙。

站在儿童的立场,微笑着听儿童"说话",儿童在不知不觉中,已开启了美好"可能性"的大门,人生因此而诗意芬芳。

我们真该称儿童为老师。但愿这堂课会带给孩子美好的语言启蒙。

作文不会写，多半是被你"暗示"出来的

经常遇到家长这样评价孩子：我家的伢儿作文是个老大难！我家的伢儿写个作文要几个小时！说这话的时候，孩子就站在一边。结果，这小孩果真提笔就头疼，写作如榨油。这里面，家长的负面"暗示语"，其实就是孩子写作的最大绊脚石！

著名的"墨菲定律"认为：如果你担心某种情况发生，那么它就更有可能发生。孩子刚刚起步的时候，你就无情地给他贴上一个"讨厌"作文的标签。你的言论是扼杀孩子写作兴趣的"罪魁祸首"。你负面暗示写作文难，不会让孩子觉得写作文不难，反而增加孩子的写作心理负担。

那么，家长就应该对自己的言论做出改变，改用积极的正面的暗示（夸张点儿的语气）：写作原来就是这么回事哦！嗯，你的写作挺有感觉的……

写到这里，不由想起毛泽东的诗：红军不怕远征难，万水千山只等闲。五岭逶迤腾细浪，乌蒙磅礴走泥丸……毛主席用这首诗教导我们：在任何困难面前，都要有大无畏的革命乐观主义精神。若如此，困难就会被我们踩在脚下，大家想想，是不是这么个理儿？

怎样写好作文？我个人认为：写作兴趣和写作自信最重要。

亲爱的大人朋友，你若能在不经意间，培养孩子的写作自信和写作兴趣，那将是一件无比荣耀的事儿。写作不要有太多的"条条框框"，让孩子拥有书写自由，找到属于自己的一片天。

让孩子回归最本真的情怀，解放孩子思想，为孩子打开更为广阔的思维空间，启发孩子的创作灵感，写作可以很快乐。写作没有那么难，不要吓唬孩子们了。

倘若，孩子真被大人吓唬怕了，写作真就成老大难了。

我国著名教育家李崇建认为，作文就是写故事。我深以为然。我们可从写故事开始，培养浓厚的写作兴趣。会写故事，就得会听故事，会讲故事，会想故事，然后才能会写故事。

会听故事，不等于会讲故事，因为需要训练表达。会讲故事，不等于会写故事，因为需要掌握生字、标点、分段等基本知识。

前面所讲的没有条条框框，是指孩子的思维和想象不要有太多的条条框框。但书写的规范、行文的规范，是必须从小养成的写作习惯。因此，习作应是"自由"和"规范"的完美融合。

最后分享两则看似无关实则有关的"题外话"，它们表达的意思差不多，第一则是李镇西的一句话，学校教育无论多么重要，都只是家庭教育的重要补充。第二则是苏霍姆林斯基的一句话，家庭教育对儿童的影响力排在诸多教育之首。如果家庭教育不行，那么学校老师的教育简直就是瞎子点灯——白费蜡。

孩子爱上写作，需要家校携手。作为源子的家长，对于源子的教育，我与他的爸爸自然是第一责任人，我们与老师的关系是重要的"合伙人"，我们对老师最多的情感就是感恩，我们的共同目标就是让孩子每天进步一点点。

与错误共生,迎接成功

最近猪肉太贵,那就喝点"鸡汤"吧!

读书有什么用?更多的时候书就像是一束光,温暖我们,点亮我们,滋养我们,让我们的内心变得强大。

与大家分享几个最近读书带来的思考。

"马蝇效应"

"马蝇效应"认为:如果没有马蝇叮咬,马就会慢慢腾腾、走走停停;如果有马蝇叮咬,马就不敢怠慢,跑得飞快。

为什么生活中很多人情绪低迷,毫无斗志,就是缺少叮咬他的"马蝇"。说白了,就是每个人都需要一根鞭子,只有不停地被"鞭策",才不会松懈,才会努力拼搏。

从这个角度来思考,就能辩证地理解当下的热门话题"减负"了。这里我引用 2019 年 11 月 5 日教育部基础教育司原副司长俞伟跃的原话:"合理的学业负担是必需的,是激发学生潜力和锻炼学生能力的必要条件。给学生减负是要把不合理的负担减下来,并不是降低课程标准,也不是让学生没有任何负担。"

那么作为教育者，应该认真思考的是：哪些是学生可以减去的、毫无意义的、不合理的"负担"？

奥卡姆的"剃刀定律"

奥卡姆的"剃刀定律"认为：在我们做过的事情中，可能绝大部分是毫无意义的，真正有效的活动只是其中的一小部分，而它们通常隐含于繁杂的事物中。找到关键的部分，去掉多余的活动，成功就由复杂变得简单了。

在我们的生活或工作中，有很多人常常苦恼：为什么我如此努力，却收效甚微？用"剃刀定律"来进行剖析思考，是否因为自己将80%的精力花在无用功上？我们对自己的"长板""短板"有没有准确的定位？

教师的教学亦是如此。每一堂课都应有明确的"教学重点"，在"重点处"花费时间才会事半功倍。

与错误共生，迎接成功

无论是谁，即使再聪明，也不可能把所有事情都做得完美无缺。不要想方设法地回避错误，而要正视错误。从错误中汲取经验教训，让错误成为我们成功的垫脚石。

全国著名特级教师华应龙的教育主张就是，错若化开，成长自来。有差错，才有真正的学习；有差错，才有实质性的学习活动发生。成功人士的特别之处就是能从差错中看见正确。错不起的学生，对不了。犯错是每个孩子的权利，也是每个孩子成长的需要。

因此，无论是老师还是家长，看到孩子的错误不应只是简单甚至粗暴地训斥,而应与孩子在"差错"中找到前进的方向,锤炼出百折不挠的品格。

事实上,对与错,得与失,本来就不是永恒的,它们是可以相互转化的矛盾共同体。

让每堂课都有几个"点"

一直在思考：怎样的课堂，才是深深吸引学生的课堂？怎样的课堂，才是学生生命拔节的课堂？怎样的课堂，才是让学生快乐成长的课堂？怎样的课堂，才是让学生梦想盛放的课堂？

踏准学生学习的"起点"

我们须深深明白，每节课的学习学生都不是站在"0"的原点，他们已有一定的知识储备。如果上课时老师总是在重复学生已经拥有的知识，学生的思维会处于"无所事事"的状态，那无疑是在浪费课堂四十分钟的黄金时光。比如高年级的语文课堂，忽视学生课前预习生字的能力，花费大量时间在语文课中学习生字词，占据了本该让学生品读文字、研读文本的时光，让学生一直处于浅表的思维之中，其他学科的课堂亦是如此。

点燃学生的"兴奋点"

同样的一个"意思"，不同的人用不同的语气、不同的节奏表达出来，效果大不一样。

比如，在语言的表达方面，可以故作神秘，可以夸张停顿，可以用丰富的表情，可以用夸张的肢体语言。

比如，在课堂的设计方面，可以设计一个有趣的活动；可以故意设计一个"卡壳"的环节；可以来一段适合情境的音乐；可以故意装作无知，蹲下身子倾听学生的讲解。

比如，在内容的选择方面，可以选择能跟学生产生共鸣的内容，可以选择当下"时尚"的文化前沿的内容。

比如，在情绪的调动方面，可以慷慨地表扬，让学生兴奋，激发学生的情绪，点燃学生的自信。

很早之前，一位专家就曾说过，对于孩子的优点，要大喇叭表扬；对于孩子的缺点，要打电话批评。

前段时间，一位特级教师为写作支招，就是"表扬、表扬，再表扬"，在积极的情绪中学习，效果一定可以"翻倍"。

强化每堂课的"训练点"

一课一得最为重要。如果一堂课既想训练这个点，又想训练那个点，那么，其结果必然点点都是"蜻蜓点水"。

比如，一位老师讲《船长》，专门带领学生学习"环境描写"对于情节推进的重要性，然后，就带领学生去寻找其他课文中类似的环境描写，再然后，就让学生拿出自己的习作，加上适当的助推情节发展的"环境描写"。

这样的层层递进、抓铁有痕的训练，对孩子的影响，一定不是一堂课那样短，而是一生那样长。

寻找每堂课的"思想点"

一堂课到底是什么最吸引学生?说到底是"思想"。

有思想的课,不是在教知识本身,而是在教思维方法。

有思想的课,不只是"立足当下",而是让学生看见未来,"梦想盛放"。

有思想的课,不只是关注学习本身,更是在播种优秀的品格,让学生永远向善。

有思想的课,才能魅力无限。

感受力,最珍贵

感受力,即对自己、他人、自然、世界的感受、领悟能力。感受力强的人内心细腻,懂得理解、宽容他人,也会对自然、人生产生感恩之情;感受力弱的人则常常冷漠、木讷,对世界充满抱怨。

主持人这样说"感受力"

主持人大赛中,一位知名主持人在点评时这样说,一个优秀的主持人,除了要有优秀的语言表达能力、清晰的逻辑思辨能力,更重要的是要有极强的感受力。

主持人能否走进观众心里,与观众产生心灵的碰撞,往往靠的就是感受力。

跟一个没有感受力的人在一起
简直就是一场灾难!

一个没有感受力的人往往是这样的。比如朋友吃到一份美食,像珍宝似的把打包盒揣在怀里带给他。朋友无比期待他双眼放光的惊喜表情,没料到他只是淡定地说,嗯,还不错。

再比如说,看悲剧电影,朋友哭得像个泪人,他在一旁静静坐着,觉得朋友的样子好笑又无聊。看喜剧电影时,朋友笑得像个傻瓜,可全程几乎就没听见过他笑的声音。他似乎永远都体会不到朋友的感受:为什么高兴时,她会跳得那么高;悲伤时,哭到鼻涕比眼泪流得还多?朋友渴望分享的一切美好的、悲伤的、快乐的、难过的,他都很难感受到。

感受力强的人,一定是有情人、性情中人。他更能理解你的感受,感受你的悲欢,细心而体贴。跟这样的人在一起,你的快乐会加倍,悲伤也会及时得到安慰。你会更能感受这个世界的细腻和一切不为人知的美妙。

感受力强的人,才能当一个作家

有感受力的人都是敏感的,能感受身边的一草一木,感受世界最本真的力量,更能体会到身边人最本真的感受。只有那些能够看见别人觉察不到的东西的人,才能够当一个作家。而要"看见",就要有对生活的感受力。

什么是生活的感受力?就是指善于捕捉事物的具体感性特征,也就是一事物区别于其他事物的显著特征和标志。凡是对生活有感受力的人,他心目中的事物,不同于一般人只有个近似笼统的影像,而是能透过表层发现事物鲜明的、准确的一面。

我们说屠格涅夫之于巴扎洛夫,高尔基之于伯惠尔与尼洛芙娜,鲁迅之于阿 Q、祥林嫂、孔乙己,以至杨沫之于林道静,谌容之于陆文婷、马列主义老太太……也都因为他们善于发现,拥有感受力。没有感受力,就谈不上独创,也就没有所谓的艺术。

努力提升感受力

提升感受力，我们可以拥有一颗感恩的心，感恩我们生命中遇见的每一个人，感恩晴朗或是阴雨的天气，感恩自然万物美丽世界……只要仔细去想，生命中有无数值得感恩的事，写下来、说出来，会让你充满积极能量。

我们可以尝试冥想，闭目静坐，感受气道、胸腔的呼吸运动、指尖的触感、身体的重力。所谓"让身体打开，心就会打开，心打开，外面的世界就可以打开"。能仔细观察自己一呼一吸的人，就能感受世界的一花一木。

我们要学会爱自己，同情、理解他人的基础是爱自己。只有去感受和理解自己的喜怒哀乐，才能真正懂得包容、体谅他人。

内心感受力越强的人，越敢于投入这个世界，交付最真诚的灵魂，寻找真爱。无法感受、享受生活的酸甜苦辣，人生也将越来越无趣。细细体会生命与自然，会给我们带来更大的意义感。

感受力，最珍贵！

"迷恋"思考

请别让你的大脑空转！从学会提问到学会思考，是我们的思维能力进阶的重要体现。

学习的三重境界

自己学会了，但不能讲出来，这是入门；可以把学到的内容条理清楚地表达出来，这是熟练；能够结合新场景应用所学内容加以解释，这才是精通。

会思考，才能抵达第三重境界。

做一个理性的思考者

思考模式的成长有四个阶段，第一阶段：依赖别人，是一种轻信思维；第二阶段：习惯从众，是一种盲从思维；第三阶段：喜欢逆反，是一种愤青思维；第四阶段：成熟全面，是一种理性思维。你的思考模式处于第几阶段？

在与他人的辩论中，如果不是为了获得真相或者接近真理，只是为了赢，那无论他赢多少次，也不会成为一个理性的批判者或者思考者。

形成思考动作流

发表自己的观点时,要形成思考的动作流:
1. 我要表达的观点是什么?
2. 有哪些资料、数据可以支撑我的观点?
3. 这些资料和数据有足够的说服力吗?
4. 有哪些资料和数据可以削弱我的观点?
5. 有哪些概念和定义需要澄清?
6. 我该用什么样的呈现方式表示自己?
7. 我呈现的逻辑有误吗?
8. 什么样的语气更加合适?我的表达会不会太绝对?

好的思考者未必反应最快

一个好的思考者未必是反应最快的人,有可能在某些表达能力方面有缺陷,但往往是更擅长提出本质问题的人,经常综合各种信息后在不同观点之间建立或找到联系。

努力做一个优质思维者

一个优质的思维者,能找到关键的问题和困难,并能清晰准确地表达这些问题。能快速收集大量的信息,并用简练的语言表达这些信息。能提出有效的解决方案,并有检验是否有效的标准。能在遇到复杂问题的时候,和他人有效交换信息。能在遇到阻碍的时候,找到可替代方案,放弃现有的选择。

学会批判性思维

大部分人会主动放弃批判性思维训练,因为人的心理天生就倾向于简单化的答案。

批判性思维不会简单告诉你哪些是好的，哪些是不好的，但会帮助你决定哪一个不是最坏的。遇到不确定的事情，先查找一下相关材料；没有可靠来源的信息，先放一下；新的观点，应有可靠之证据，在没有完整了解对方的观点之前，不要轻易评判。

一个优秀的批判性思维者首先要能清晰地说出自己的主张和见解，建立一个中心、几个基本点的表达框架。

我们不能指望通过雄辩去阻止别人发表自己的观点，而是应该鼓励别人说出自己的看法，然后我们要学会用批判性思维思考对方为什么会这样想，我们怎么讲才能让沟通变得更加顺利。

优秀的批判性思维者，不会贸然做判断，他们总会在全面、公正地了解到相关信息和证据后再下结论。一旦发现自己的偏见造成了误解，还会积极承认自己的错误，打破自己的认知盲区。

生活中很多问题并不是"要么A，要么B"的关系

生活中很多问题并不是"要么A，要么B"的关系，而恰恰是"既A又B"，甚至"既A又B又C又D"的关系。很多时候，你真正的困境不是生活中没有选择，而是你的思维限制了你的选择。

理性情绪很重要

要想缓解情绪带来的痛苦，我们需要做到三点：无条件地接纳自我，无条件地接纳他人，无条件地接纳生活。

让我们一起"迷恋"思考吧！

语文——前往儿童可能性王国的邀请

可能性,简而言之是"还没有"和"将要是"。"还没有"指儿童还没有成熟,还没有确定,还没有完成;"将要是"指儿童预示着未来,意味着可开发。这种可开发性意味着人永远是生成着的,永远是超越的,永远处在打破种种界限和规定的状态之中。生成、创造、超越正是可能性的本质。

美国诗人艾米莉·狄金森在一首诗中这样写道:"我居于可能性之中/那是比散文还要精致的处所/无数的窗/高耸之门/最美丽的人儿才访问这里/为能拥有它/它散播的光芒令我的小手延展无穷/将天堂拢入怀中。"可见,可能性散发着耀眼的光芒,拥有无穷的魅力。儿童在本质上就是一种可能性。可能性是儿童的最伟大之处,每一位儿童都是未被承认的天才。对于教育者来说,面对儿童就是面对着可能性。儿童首先是一个自然的存在,不是成人社会的附属物,有其自身发展的规律。可能性的世界,可以延展到现实的世界之外,包含了一切领域:无限的、再生的、丰富的。儿童可以不受任何羁绊,以开放的姿态,立足于广袤的可能性空间中,带着无拘无束的无限可能的想象。

教师要从儿童的现实性中寻找与发现儿童发展的可能性。教师应发现儿童未来发展的最好可能，并和儿童一起为实现这种可能共同努力。可能性开发需要有海纳百川的包容性，发现、等待、捕捉、唤醒……需要敏感和敏锐，更需要对儿童的尊重，真正地解放儿童。

语文学习的过程是师生共同建构的以儿童自然生命为基础，以文化为导向，引导学生健全成长的过程，是儿童世界与成人世界交流与融合的过程。儿童是语文教育的对象，"现实的儿童"是其对象，"可能的儿童"也是其对象。语文教学不仅要关注现实中儿童的生存状态，关心他们的生活方式，关怀儿童的生活质量，而且要关怀儿童未来应该怎样生活，关怀其理想的可能生存状态、生活方式。作用于儿童的可能生活方式，体现了语文对儿童的发展性目标，体现了语文对儿童人生价值及其实现的建构意义。

我一直在畅想这样一个美好的境界，那就是我们能够站在儿童的立场，去实施积极的语文教育活动，去充分挖掘儿童发展的无限可能性。这样才能让儿童享受学习的欢愉，才能让儿童的语文素养和精神生命得到双重成长。

因此，可以如此说，语文，即是前往儿童可能性王国的邀请。让儿童在语文课堂中成为天才，是我们每一位语文教师都应努力的方向。那么，如何前往儿童发展的可能性王国呢？我进行了如下思考。

信任——前往儿童可能性王国的心理前提

"教学是一种无止境的相遇。"康德也早就认定："人是一个有限的理性存在，但有无限的可能性。"儿童在本质上是一种可能性。可能性是儿童的最伟大之处。作为教师的我们应充分信任儿童，为儿童前往缤纷多彩的可能性王国提供必要的心理前提。作为独立的生命个体，儿童有其丰富的情感、独立的人格和独特的个性，成人社会必须尊重他们的内心世界。儿童既是课程资源，又是课程的创造者。最好的课程来自儿童，站在儿童立场才能创造最好的课程。处在发展过程中的儿童更是有无限的可能性。

我在教授四年级古诗《望洞庭》时，就打破以往教学的思路，充分相信儿童的可能性，充分"让学"，在课堂上也欣赏到了儿童可能性王国的别样风景，我设计了如下教学活动：

◆相互提醒，读准古诗
1. 自主：练读古诗至少3遍。
2. 合作：读给同伴听，小组内相互提醒注意点，读准古诗。
3. 全班交流展示。

◆相互分享，读懂古诗
1. 自主：默读古诗，结合插图，思考每句诗的意思，将不能理解的诗句用横线画出。
2. 合作：小组内相互分享自己理解的诗句，不懂的请教同伴。如小组不能解决的提交班级讨论。
3. 全班交流展示。

◆ 寻找诗眼，体悟诗情

1. 古人云：诗中有画，这首诗中也隐藏了一幅幅画，你觉得哪一幅最美？

2. 这首诗我们可以读成一个字，想想看，可以读成哪个字？

整堂课中，教师尽可能地相信"儿童的可能性"，让儿童的潜能得到最大限度的发挥。第一个活动环节，指向于"读好"。因为学生学习古诗的起点不是零，在一、二、三年级早已进行读诗节奏的启蒙，如果在教学的时候依然零起点讲授，就像无论学生多大，每天吃饭之前都要学习如何吃饭一样，重复着昨天的故事，那是何等的悲哀。在实际的教学实践中，几遍下来，班上有很多学生一下子就找准了这首诗的节奏，将诗的节奏读得有板有眼。即便是有些后知后觉的学生，听了几遍，也能情不自禁地跟读起来。由此可见，居高临下、婆婆妈妈的讲解是多么多余。

第二个活动环节，指向于"读懂"。我们心中要相信学生有自学的可能性，有相互合作解决问题的可能性。经过自学、分享、质疑、讨论之后，学生对整首诗几乎没有不理解的地方，所以，当我喊学生来做小老师讲解诗的意思时，学生们的自信溢于言表。

那么，有人可能会产生疑问：既然儿童有如此大的可能性，还要老师做什么？我想说，如果古诗的教学只停留在读好、读懂的层面，怎么能学好古诗呢？那么古诗的文化意蕴呢？古诗的情感意蕴呢？这就需要老师站在更高的高度进行备课，引导学生"悟情"，以发挥儿童更大的可能性。

为了让学生体会到月夜洞庭湖的朦胧之美，我在备课时查阅了很多资料,发现《望洞庭》有两个版本,一个是"潭面无风镜似磨",一个是"潭面无风镜未磨"。我让学生进行辩论的语用训练,谈谈自己更支持、更欣赏哪个版本的《望洞庭》。学生的思维火花一下子被激发出来,对各种可能性尽情地发挥想象,最终学生对洞庭湖的"朦胧美",有了更加深刻的理解。

再如,为了让学生体会诗人"遥望"的心境,我进行了这样的情境引领:请同学们轻轻闭上眼睛,想象一下,这洞庭湖比咱们学校的操场大,读——;比咱们学校还大,读——;比咱们如皋还大,有两个多如皋那么大,读——……在多次的诵读之后,我问:此时此刻,辽阔的仅仅是这洞庭湖吗?等待数秒之后,竟有好多学生举起手回答:比洞庭湖更辽阔的,还有诗人的心境!此时,我出示补充资料(诗人刘禹锡坎坷的人生经历,以及其面对人生沉浮淡泊的情怀),让学生进行语用训练,提笔写出此时此刻刘禹锡的内心声音,我简直惊呆了,真没有想到,一群四年级的学生,思维也可以达到如此高的深度,我不得不相信"儿童即可能"啊!"儿童即可能",我们小学语文老师,只有相信并认同这个观点,课堂当中才会出现很多我们无法预约的精彩,也才能让学生打开通往可能性王国的宽敞通道。

活动——前往儿童可能性王国的重要载体

童年时期是人生中最快乐的年华。这个时期的快乐很大的原因是孩子们处于一系列的活动之中。活动是儿童快乐的源泉,活动是前往儿童可能性王国的重要载体。

作为一个语文老师,千万不能成为扼杀儿童快乐的"杀手",不能关闭通往儿童可能性王国的大门。以语用训练为例,一些老师在做语用训练时,从不考虑训练的形式、时机,将语用训练强加到课堂中去。孩子写得不尽如己意,教师便进行一些机械重复且不能给儿童的语用能力带来提升的指导。要知道,"好之者,不如乐之者"。所以,如果语文课堂能让学生置身于快乐的活动情境之中,再去进行语用训练,一定会事半功倍。

例如,苏教版小学语文一年级下册"练习6"的口语交际"做做说说"要求学生向别人介绍自己收集的运动员信息。这是一个很好的语用训练的安排。作为一年级的学生,能够记住并简要说出自己收集的某个运动员的关键信息,是实施"积极语用"的过程;若能记住别人介绍的某个运动员的关键信息,是更高层次的语用训练,这对一年级的学生来说具有挑战性。怎样才能让学生在很短的时间内,说出生动的语言呢?课堂上,我结合一年级上册"练习4"的口语交际"悄悄告诉他",与学生在快乐游戏之中完成了这部分的教学。具体教学过程为:每个学生都要将自己收集的运动员信息用一两句话介绍出来,如:刘翔,中国人,曾获2008年北京奥运会110米跨栏冠军,被大家称为"亚洲飞人";乔丹,美国人,被誉为"空中飞人",是NBA最伟大的篮球运动员之一。教学中,每个学生都加入这个游戏,先将自己收集的运动员信息传递给小组成员,再去倾听小组里其他成员收集的运动员信息。在整个语用训练过程中,他们既是一个虔诚的倾听者,又是一个需要表达清楚的传话者,学生的眼神之中写满了期待,神态之中流淌着兴奋,学生的倾听习惯、表达能力及语言的积累在轻松快乐的游戏之中悄然完成。相比没有任何属于儿童活动形式的普通介绍,此类蕴藏快乐的活动形式,向儿童发展的可能性发出了美丽的邀请,更可体现儿童生命的价值。

放手——前往儿童可能性王国的伟大途径

儿童的世界，远比我们想象的要丰富多彩！儿童是最伟大的想象家，儿童就是我们的老师！我认为，敬畏儿童是我们每位小学语文老师应有的情怀，而放手让儿童去想、去做、去说则是前往儿童可能性王国最伟大的途径。我之所以说是"最伟大"，是因为很多老师总是担心儿童离开了自己便会无所适从。这种大胆的放手是需要足够的勇气的！

如，苏教版小学语文一年级上册有一道看图说话题，图中画着一只蚂蚁要过河，这时，正好一片树叶落了下来，蚂蚁坐在树叶上过了河。刚教学时，我在想，作为一年级的学生，学生只要能通顺朗读即可，于是我就示范："一天，蚂蚁要过河，可是不能过去，它就用一片树叶当船，坐着船过了河！"谁知道，我刚讲到这儿，一个学生站起来说道："老师，我可不是这么想的！"我耐心倾听学生的回答："我觉得，这可以编成一个故事。蚂蚁王国没有粮食了，蚂蚁国王就派小蚂蚁去找食物。可是食物在河的对岸才有，怎么办呢？……"

其余学生纷纷举手发言："我觉得可以是这样，蚂蚁的外婆生病了，小蚂蚁想去看望外婆，可是，外婆家住在河的对岸，怎么办呢？……"

"我觉得是小蚂蚁要去参加森林里的运动会""我觉得小蚂蚁是要去参加朋友的生日聚会"……

最精彩的是，一个学生说："我觉得小蚂蚁不是要去做什么的，而是它在河岸边看到一片树叶，它想，我不如来玩漂流吧！于是它就坐上了树叶，树叶随着波浪忽上忽下，像是荡秋千呢！

后来，它把这个游戏告诉了小伙伴们，它们都用树叶一起来玩漂流！"

那堂语文课，我的的确确是惊呆了，我从没想过孩子们会有如此丰富的想象力，"儿童即创造"，如果我不能停下自己的脚步，聆听儿童；如果我不能蹲下身子，平等地看待儿童，那么语言文字的训练将会大打折扣，语言文字的训练就难以达到美妙的境界。因此，只有站在儿童的立场，大胆地放手，孩子的言语实践才会缤纷多彩，成果才会更加丰硕，孩子也才能步入发展可能性的王国。

创造——前往儿童可能性王国的活力源泉

"生命诚可贵，自由价更高""给其自由，任其选择"，这是格罗培斯的迪斯尼乐园路径设计理念。可见，人们对自由的渴望。对于儿童来说，自由是其生命成长必要的心理环境。有了自由，就会有创造；有了创造，就有了前往儿童发展可能性的活力源泉。在可能性的王国里，我们通过创造，获取知识。在可能性的王国中的行动会表现出这样的特征：产生新的思想，创造新的生活，自觉地对生活赋予意义，自我做出贡献。若想在可能性的王国里，激发儿童的创造性，课堂中的语言文字训练就不能太单一，我们可以设计一些选择的菜单，给学生留足自由选择的空间；课后作业的语用训练，更加应给学生足够的自由，尽量不布置限制学生思维的作文题，不布置老掉牙的作文题，不布置远离学生生活实际的作文题。

为了让学生步入可能性王国，每天我都会匀出一段时间让学生自由创作，这段时间，所有学生用自己精心选择的创作本，进行连载的语用训练。当然，在此项活动开始之前，我会对学生进行一个创作的指导，进行众多文学作品的欣赏学习，学习如何构思，如何写章节标题，如何让情节一波三折，如何让细节描写鲜活生动。当学生的心中涌起创作的冲动时，当学生觉得自己可以自由挥洒时，创作的热情就会特别高涨，于是，学期结束，所有学生都写了厚厚一本。这些闪烁着童心的一部部作品，让我感动得热泪盈眶。列举其中的一些书名：《六（2）班的那些事儿》《南游记》《舌尖上的如皋美食》《童年往事知多少》《星辰落日》《幽默班级》《哈皮家族》《梦想扬帆》等。正是因为给了学生自由，所以很多学生的心中有了创作的美丽梦想。为学生营造创造的心理环境，给其创造的时空，语文，便会通往学生发展的无限可能性。

　　语文意味着多种可能性。可能性永远是一个创造的过程，需要有更多的选择性、多样性，在语文教育过程中教师应创造条件使学生尽可能多地享有决定权、自主权、选择权和参与权。作为语文教育工作者，我们必须不遗余力地去寻找种种可能性。学生正是用"可能性"来暗示、启迪我们的语文教学，来挑战、改变我们当下的语文现状。我们每一位语文老师都应成为"长大的儿童"，走进学生的内心世界，充分地信任每一位学生，精心设计每一次活动，大胆放手，鼓励创新，让每天的语文学习都成为前往儿童发展可能性的邀请，让每一位学生都能步入自己发展的可能性王国，让每一位学生都能在语文学习过程中走出属于自己的美丽风景。

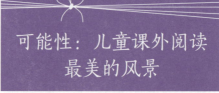

可能性：儿童课外阅读最美的风景

我特别喜欢两本书的书名，一本是《人人皆可为国王：梁衡散文精读》，这里的"国"并不是权威的代名词，而是摒弃了等级观念，指每一个人拥有的精神上的自由王国。只要保持快乐的心态，就一定能够拥有属于自己的"天下"。一本是《环球科学》杂志社主编的《大象如何站在铅笔上》——超乎想象的科学解读，这是关于"石墨烯、大象、铅笔尖"的可能性想象。

这两本书之所以一下子就吸引了我，完全可以用三个字来概括，那便是"可能性"。因为有了可能性，一切变得充满想象，一切变得无比美好！可能性就是无法预约的精彩。

课外阅读具有发现儿童兴趣的可能性

兴趣是最好的老师。它具有最强大的吸引力。如果说课本学习是每个学生学习过程中的规定动作，那么，课外阅读就是每个学生学习过程中的自选动作。什么才是最令人享受的阅读？我想，没有人会否认，读自己想读，在自己想读的时间读，才是最令人享受的读。因此，除了所谓必读书目之外，一定要给足让学生自选阅读的时间与资源库。在健康绿色阅读的大背景之下，给其自由，任其选择，一定是培养学生阅读兴趣的最佳路径。比如，有的同学喜欢读"神奇的校车"系列，一天能读上好几本；有的喜欢阅读"动物百科"系列，会到书店找来自觉阅读；有的喜欢阅读"几米的漫画"系列，会买来几米的全套书进行阅读；有的读了金波的《乌丢丢的奇遇》之后，会爱上作家金波，找来他的其他作品开心阅读……你如何知道，在某个阅读阶段，某类兴趣爱好在未来的日子里不会培养出一个科学家、一个动物学家、一个漫画作家或是一个童话作家？因为自由的课外阅读，儿童发现了自己的兴趣领域。说到此，你是否相信，这种可能性是儿童课外阅读最美的风景？当然，如果学生的阅读兴趣一直如此单一，那肯定也是不行的。但作为一名老师，或是一名家长，为何一定要让喜欢"神奇的校车"的孩子在他对此兴趣最浓郁的时候，爱上其他类的书籍呢？你要相信，未来的某一次"偶遇"，或许他会自觉地爱上其他的作品，此时，只是时机未到而已。

课外阅读具有提高儿童阅读能力的可能性

儿童的阅读能力一定是在阅读中提升的，绝不是在老师婆婆妈妈的讲解之下提升的。在阅读中学会阅读。我想无论是老师，还是已历经各种考试的学生都应对此深有感触。这里的阅读也绝不仅指课内阅读，而是指大量的课外阅读。阅读一定会使人变得更加聪明！著名教育家李希贵就这样认为，教语文书不如教学生阅读。这更是说明要想提高儿童的阅读能力必须通过大量的课外阅读打开孩子的阅读世界。在学生学习的初始阶段，一个阅读量大的孩子，他认识的词汇越多，阅读的速度必然越快，懂得的知识必然越丰富，与人交流时也就必然越加自信，在这种愉悦的心态之下，孩子的阅读能力必然会得到提升。即便是从应试的角度去看，也是大有益处的。就比如在考试的时候，他读题的速度、理解的深度、解题的能力等都会明显高于阅读量少的同学。

课外阅读具有发展儿童写作水平的可能性

如何判断写作水平的高低？我想：如果一个孩子的文章里有自己的想法，涵盖广博的知识面，语言表达的方式新鲜多样，甚至还有让人感觉新鲜的"陌生词汇"，大概这文章也差不到哪里去？那么，我们不免要追问：自己的想法从何而来？广博的知识从何而来？新鲜的表达从何而来？"陌生词汇"又从何而来？我想答案也许五花八门，比如，热爱思考、写作技巧、丰富阅历……但一定会有一个交集点，那便是阅读。读书是永远的，它带给我们的写作灵感也是永远的！

课外阅读具有储备儿童好奇心的可能性

对未知世界的好奇心是儿童学习的内驱力。那么，好奇心从何而来？自然阅读又是必由之路。如开篇我所说的《大象如何站在铅笔上》，从这个题目开始，孩子就充满着好奇心，然后，走进文章之后，遇上了"石墨烯"，他又会产生好奇心，石墨烯到底是一种什么材料？……这样的好奇心会产生非常长久的连锁反应，带领孩子阅读更多的科学方面的知识，点燃孩子对于科学领域的兴趣。试问，如果不是阅读，孩子生活在这个日新月异的时代又如何能够跟上时代发展的步伐呢？

课外阅读具有强大儿童精神的可能性

当我们历经人生的崎岖坎坷、悲欢离合之后,我们才会懂得一个人精神的强大是多么重要。虽然一个人精神强大的途径有很多种,但是阅读无疑是非常理想的一种。在孩子的童年时期如果读过几本好的课外书,这些课外书中的某个人物必然会悄然成为他成长旅程中的重要底色,在他遭遇困难的时候,产生无比强大的正能量,带领自己走出困境。因此有人说:阅读是精神上的一次"越狱"。一个人通过阅读,把自己微小的人生不断放大,最后又通过阅读,把人生还原到最小,还原到尘世生活中来。正如法国文学家萨特所说:我在书里结束我的生命,也将在书里开始我的生命。阅读让人变得博大和骄傲,也让人变得渺小和谦卑。一个人的阅读史,成就了他精神上的浩瀚故乡。在孩子的童年时期,如果阅读了《鲁滨孙漂流记》,他一定会牢牢记住:害怕危险的心理比危险本身还要可怕一万倍;如果阅读了《居里夫人传》,他也一定会牢牢记住用"执着、人格、淡泊"抒写跨越百年美丽的居里夫人,并默默地将她作为偶像进行崇拜。

我一直在畅想这样一个美好的境界,那就是我们能够站在儿童的立场,去实施积极的语文阅读活动,去充分挖掘儿童发展的无限可能性,只有让学生享受学习的欢愉,才能让学生的各种素养和精神生命得到双重成长。

因此,可以如此说,阅读,即是前往儿童可能性王国的邀请。让儿童在阅读中成为天才,是我们每一位语文教师都应努力的方向。

一切皆有可能。你相信吗?

再定义语境下的教学关系

当今时代,许多问题需要重新定义,包括我们的教育教学。再定义的意义和价值,是为了对教育教学的认识更深刻,走向教育教学核心部位,能与时俱进。

再定义的三层含义,一是对原有定义的改进和调整;二是对原有经验的不断扩展,不断丰富;三是要颠覆。张华教授在如皋市教育局组织的骨干教师高级研修班的学习报告中对教学进行了一次再定义,那就是教学是一种关系。对于一线教师来说,是否也应从自己的角度对"教学是一种关系"做一个"再定义"?

教学是一种关系,这到底是一种怎样的关系?

教学关系中教师与教材的关系——知音与超越

教师要成为教材的知音。有人说,要了解一个作家,必须先了解这个作家的作品。我以为,要真正了解作家的作品,先要了解作者。《义务教育语文课程标准(2011年版)》也特别强调指出:阅读是教师、学生、文本三者对话的过程。创造性地使用教科书的前提是理解这个教科书。

作为一名语文老师,面对一篇篇优秀的课例,如何利用教材进行有效教学,是我们必须首先思考的问题。这其实就是所谓的PCK。通俗点说,就是一篇文章要教什么,如何教,为什么这么教。如,我们在教学《如梦令》的时候,就应该去了解李清照,去了解她在宋代词人中"词国女皇"的地位,去了解她早年晚年的生活背景,去了解她的其他词作……

当然,要让学生能够将这首词学到极致,也要了解"如梦令"这一词牌的平仄规律,以及词的一些常识,等等。这样,教者就能首先走进词人内心,了解词之韵味,从而对文本有一个比较立体全面的解读,成为词人的知音。在教学时,就能"胸藏万汇凭吞吐"了。这是基于文本的一种超越。我们可以让学生做一个关于李清照的主题学习活动,让学生了解其他词牌的词作,了解其他词人的作品……

总之,只要我们愿意思考、愿意学习、愿意付出,将教学当作一种生活,就一定能够依托教材,超越教材,欣赏到文本以外的一片片辽阔天空。

教学关系中教师与学生的关系——倾听与引领

理想的教学应该思想自由、独立思考、相互合作、产生自己的理解、产生新的知识。这就要求教师与学生之间是倾听与提升的关系。教学是一个对话的过程。教师是被称作教师的"学生",学生是被称作学生的"教师"。而"教"又必须高于"学"。

首先,教学关系中教师与学生应是相互倾听的关系。教即倾听,教师的任何讲授都必须建立在对学生的倾听之上。只有创造机会让学生去言说和表现,教师才可能理解学生,师生也才可能相互理解，教师的讲授和其他教学行为也才有可靠的基础。因此，教学的本质是倾听和对话。善于教学的人一定要承认自己的无知。作为教师，必须放下自己"师"的位置，转变自己的角色，不能让自己只成为知识的传授者，而应与学生结成学习共同体，相互倾听，共同探究新的知识领域。所以，教者唯有认真倾听，才能让精彩观念不断诞生。事实上，当代的学生获取知识的途径是多种多样的，我们的确可以从学生身上学到很多"事实性知识"（吴刚平语），所以，应让"我们一起学习"成为大家共同的行动指南。

其次，教学关系中教师又不能仅仅是学生的学习共同体成员，同时也要成为学生的引领者。虽然学生的身上有很多值得我们学习的东西，但在专业领域、学习策略以及精神角度，教师一定要有能超越学生的方面，教师可以与学生一起"做中学"，让学生学到一些方法论知识；也同样可以引导学生"悟中学"，让学生获得来自精神、信仰领域的价值性知识。这类知识的掌握与形成，师者的作用举足轻重，要坚定不移地以教师高水平的教导来引导学生高水平地学。教师要把学生带到高速公路的入口处，并在下一个出口、下下一个出口等待学生。

教学关系中资源与课程的关系——利用与创造

曾有人说，咱们"中国制造"什么时候能变成"中国创造"？"为什么中国培养不出创新型的杰出人才"的钱学森之问一直在我们耳边盘旋。作为一名小学教师，是否也该反思一下自己的教学行为到底有多少"创新"的含量？有多少"创造"的含量？或者也该反思一下：自己是否只停留在课程本身？是否在创造性地开发课程资源？再追问一下，作为学生终身教育奠基人的小学教师，播撒了多少创新、创造的种子在孩子们幼小的心田？曾经有多少创新、创造的行为给孩子们潜移默化的引领？要知道，我们是孩子们成长旅途中多么重要的启蒙者与领航人啊！

日本教育家佐藤学这样对课程与学习再定义：课程是学习经验的履历，是学习之旅，是不断发展的过程，是探究过程的发展。江苏省教育科学研究所成尚荣所长这样说，课程是一个跑道，是一种机会，是一种幸福的礼物。我们平时的教学过多地关注了"道"，而忽视了"怎么跑"。

所以，面对课程，我们不能仅仅完成课程的教学任务，我们应该好好珍惜"课程"这一幸福的礼物，做一个课程的开发者。虽然，一些学校有这样那样的校本课程，但是，它是否有质地？或者它是有质地的，但又坚守、坚持了没有？课程的开发不仅应当基于学科，更要超越学科，要有超越学科的才情。厦门市教育局副局长任勇先生的一些做法实在是太妙了，值得我们学习、思考。比如"中学生猜谜语"，比如"校园园艺课程"等，这样的校本课程，不仅将学生的学习兴趣放在一个非常激情的状态，同时又潜移默化地开发了学生的观察力、探究力、创造力等。美国著名学者杜兰特说过，唯有智慧，才使人自由。在我看来，这样的校本课程的开设无疑是十分智慧的，是极具创造力的！只有使教学论由"知识传授论"转变为"知识创造论"，教学实践由传递别人的知识转变为创造自己的知识，每一位学生的自由个性才可能获得发展。由此看来，创造性开发课程资源显得举足轻重。我们不妨尝试开发多种课程，如天文、地理方面的，动物、植物方面的，科技发明方面的，艺术文学方面的，等等，供学生选修，尊重学生的自主选择，尊重他们的兴趣爱好，发展他们的专业潜能。开发这样的专业课程，我想，不久的将来，咱们的学生中，一定会有更多的张衡、法布尔、爱迪生、黄蓓佳……

教学关系的价值取向——现在与未来

当下教育的注解是对未来的一种定义。即教育要面向未来、创造未来，教学改革一切都为了未来。

教学关系的变革是教学改革的一个非常重要的环节。若我们依然走"教授"的老路，让教学仅仅成为知识的传递，那么我们培养出的学生，就会缺少很多可贵的，如思辨、探究、创新、求异等优秀的学习习惯，这样的教学产生的价值，只能为当下的考试服务，只能满足当下的功利之求。如此下来，"教是为了不教"也只能是空话一句；"变学会为会学"也只能是口号一个。我国一位教育家曾说，不要给学生背不动的书包，要给学生带着走的能力。教学不仅是为掌握知识和技巧，而且要促进学生的未来发展。教学和发展是相互依赖的关系，但教学一定要走在发展的前面。中国学生对知识、技能的熟练程度在全世界遥遥领先，但其创造力却稍显薄弱。如果变革教学关系为新课程所大力倡导的"自主、合作、探究"，坚定不移地以"学生的学会学习"为核心，真正做到"让学"，那么，我们现在的教学关系必将为学生甚至整个民族的未来播下优良的种子，那么，咱们中国的未来将充满希望。

我在想，如果我能在教学实践中，将再定义语境下的教学关系化作行动，变成现实，那么，我们一定能培养出有独立之精神、自由之思想的"人"；那么，咱们中国的教育也一定会是一个非常美丽的童话。

貳

「育」见惊喜

——实践的土壤里,思想盛放

有关"阅读与写作"的思考

如果你问我:儿童的阅读与写作到底有什么用?我会回答:养育儿童的精神生命。

在我看来,有文学相伴的童年,才是丰富的、快乐的、美丽的。大人要努力让孩子的内心成为空间无限的书柜,永远在"藏书",永远有"新书"。因为,亲近文学,就是亲近高雅。爱上写作,就是生长能量。

在童年这个成长的黄金时期,遇见的文学作品、经历的写作故事会萦回在孩子一生的记忆中。阅读温暖童年,好书照亮人生。优秀的文学作品,就像一双温暖而有力的手,牵引孩子离开父母的怀抱,独自走向广阔而丰富的世界,然后认识世界、改造世界。

带领儿童阅读文学作品,引导儿童迷恋写作,是在养育一个生命的整体,养育深刻的思想与辽阔的思维,养育浪漫而诗意的生活气质,养育从容淡定的心境,养育柔软却坚强的品质,养育纯真的目光和澄澈的童心。

大人们给孩子童性的引领、温暖的鼓励、创造阅读与写作的场景感,就能打开儿童写作的闸门,让他们在字里行间抒写人生的喜怒哀乐,以及对于人生的理解。这是大人给予孩子最大的功德。

写作有三个秘诀:一是阅读的"自我转换"。阅读的书籍不进行自我转换,那都不是真正意义的"知识获得"。

二是写作的"勤"到深处。所谓"勤"到深处,边写边思,边思边写。能从基本重复的日子中,看见美好、看见温暖、看见快乐、看见生命、看见梦想、看见希望,我们就会迸发灵感,写出有温度、有思想的文字。要知道,每天写点东西,一辈子就会变成两辈子呢!

三是思维的"气象万千"。倘若思维没有大气象,情感和所谓文采,便无处安放。比如,幽默的文学作品和搞笑的文学作品的区别是:幽默的文学作品是天然的、智慧的、有味道的;搞笑的文学作品则是浅层次的、有意为之的、乏味的。

以上,是关于"阅读与写作"的思考,与您分享。

"育"见惊喜

昨天是小朋友们上小学的第一天。

我问:"小朋友们开心吗?"小朋友们齐声回答:"开心。"自然,这个问题没有思维力。响亮的齐答,源于从众心理。

我追问:"那小朋友们为什么这么开心呢?徐老师想听到小朋友们不一样的理由哦。"教室里的小手,如同四季的花儿一样次第开放。

"我开心,因为学校今天有很多气球,还有可爱的'安定宝贝'。"

"我开心,因为学校很'健康'。"这话听着似乎有语病,但我知道,这只是儿童词汇储备不充分,但又想表达出自己的想法,很是童真。

我又追问:"为什么说学校很'健康'?"小家伙用稚嫩的声音回答:"因为学校里有很多漂亮的花草树木,还可以随时洗手。"哈哈,这不是对"健康"最好的解读吗?我很开心,因为这是我听到的最生动的回答。

"我开心,因为幼儿园的知识我早就学会了,现在可以学到新知识了。"小家伙眨巴着眼睛,一副求知若渴的模样。

继续交流。

"我开心,因为班上有几位我的幼儿园同学。"小家伙的几位同学纷纷嚷起来:"我就是他同学。""我也是他同学。"一个个不亦乐乎。世间最美的相遇,便是久别重逢。分别两个月,再次重逢,多么美好。我说:"从今天起,咱们班的小朋友们就是新同学啦。"小家伙们的眼里顿时闪烁着兴奋的光芒。

"我开心,因为我交了一个新朋友孙老师,她跟我一样,都姓孙悟空的孙。"说完,一位小朋友得意地坐下。

交流依然继续,我的内心欢欣不已。童真而稚嫩的回答,恰恰是我们应努力追寻的美好教育的样子。

儿童喜欢的校园,是有仪式感的校园。仪式感不仅仅是个样子,它的意义在于,它能让儿童的精神气象万千。

儿童喜欢的校园,是美丽的校园,是干净的校园。美丽的校园,让人心情舒畅;干净的校园,让人身体健康。

儿童喜欢的校园,是每天都能获得新知、看到"新世界"的校园,知识使人充实,新的领域使人惊奇。

儿童喜欢的校园,同学之间和谐相处,师生之间亦师亦友,关系融洽,快乐多多。

以上是开学第一课纯真的童言给我的启示,不得不说,儿童就是天生的哲学家。我当终身以儿童为师。

置身于课堂,与澄澈的儿童一起,"育"见惊喜,是我能想到的最浪漫的事。

写作这件事儿

上班路上,我利用路上的空隙时间,思考写作这件事儿。

写作这件事儿,首先源自你对它的爱。当你爱它的时候,写作不是一种痛苦,而是一种倾吐。

写作这件事儿,最好不被别人所打扰。一个人独自坐在一间屋子里,让灵感来敲门,然后"下笔如有神"。

写作这件事儿,是日久生情的事儿。天天写那么一点儿,不知不觉就"痴情"了,直到难以割舍。一日不写,心里就感觉空落落。

写作这件事儿,热爱生活很重要。当你热爱生活,生活会给你源源不断的写作馈赠,素材的、哲学的、灵感的……

写作这件事儿,动情很重要。令人心动产生共情,是作品的最高境界。真诚而投入地写作,每串文字都会有"温度"。

写作这件事儿,情绪很重要。处在积极的情绪中,写出来的文字会温暖而充满光亮;反之,则会无病呻吟,黯然失色。

写作这件事儿,感受力很重要。花鸟虫鱼、日月星辰都是能与我们对话的意象。花是花,花非花;雾是雾,雾非雾。

写作这件事儿,积累很重要。积累阅历、积累体验、积累知识、积累语言，没有积累，写作就会很空洞，无论是内容，还是思想。

写作这件事儿，冥想很重要。每天有一段较长时间的独处式冥想、思考，写作时就能快如闪电，一篇有思想的文章，便能一气呵成。

写作这件事儿，利用"空隙"很重要。我们的生活充满"空隙"。等电梯时会有好几秒"空隙"，开车等红绿灯时有好多"空隙"，饭后散步也有好多"空隙"，在这么多的"空隙"里，我们可以思考很多话题或者构思一篇新的文章。经验表明：这些"空隙"可以产生很多写作的灵感。

写作这件事儿，与众不同很重要。陌生化的语言、陌生化的构思、独特的角度、前瞻的思想，都会给读者带来新感觉、新思考。

写作这件事儿，常常购书很重要。与每一本新书的相遇，都会使我们获得滚热的写作冲动。当然更重要的是，每一本好书，都能奉献给我们很多写作的智慧。

写作这件事儿，重要的还有很多。我们慢慢聊。

站在阅卷老师的角度，进行考前作文的冲刺

以下是我站在阅卷老师的角度，对考前作文冲刺的思考。

用"美丽的字"带给阅卷老师一份"好心情"，用"原创性语言"带给阅卷老师一份"新鲜感"，用"有逻辑"的表达带给阅卷老师一份"清晰感"，用"动心动情"的表达让阅卷老师有"心动感"，写自己的故事，表达自己的思想。

用"美丽的字"
带给阅卷老师一份"好心情"

考场作文的字一定要相当漂亮，让阅卷老师阅卷时有心情愉悦之感。字不能"撑破"了格子，在格子里可以自由"呼吸"，标点符号要占一格，要注意分段。"美丽的字"，带给阅卷老师一份好的心情，作文分数自然也会高一些。

考前这几天，大家可以用跟考试相同规格的格子稿纸，让孩子进行专项练习。

用"原创性"语言
带给阅卷老师一份"新鲜感"

文章中有自己的"原创性"语言表达,能让阅读老师有"清新扑面"之感。而不是感觉在读一篇陈旧的文章,或是在读一篇极其大众化的文章。

这几天,老师可以让学生对一些平时作文里的普普通通的句子,进行语言表达方式的转换,通过学生自己的话语体系表达出来,给人一种"表达的意思虽大众,但表达的语言很特别"的感觉。

就如同一块肉,不能总是做红烧肉,换上不同的做法,会做出不同的样态、不同的味道,给人全新的感觉。尤其要能对自己平时所积累的好的语言表达进行灵活的转化运用,给人灵动之感。

用"原创性"语言,带给阅读老师一份新鲜感,作文一定可以脱颖而出。

用"有逻辑"的表达
带给阅卷老师一份"清晰感"

语文是一门逻辑性极强的学科。因此,要专项指导学生清晰表达,有逻辑性地表达。不要绕太多的弯子,"开门不见山",让阅卷老师"猜猜看"。开头不宜冗长,三行之内直入主题,简洁而又深刻。

整篇文章给阅卷老师一个非常清晰的"写作思维导图",让人读了就能明白文章的写作逻辑。用"有逻辑"的表达,带给阅卷老师一份"清晰感"。

用"动心动情"的表达
让阅卷老师有"心动感"

写作的最高境界是动心动情!

心动,是优秀作文的重要评判标准。所有优秀的作文都必须是走心的,尤其是将自己"心起微澜"的感受动情地写出来。倘若文章的某一处或某几处触碰了阅卷老师的心弦,那么,恭喜你,你一定会得到一个不错的分数。

当然,也要敢于写真事,倘若材料是假的,那么写作起来就会有别扭之感,别人读起来,自然也不会舒服。

文章里要能表达自己的故事,而不是重复别人的故事。字里行间透着自己的思想,让阅卷老师感觉你的思想"闪闪发光"。

祝愿孩子们漂漂亮亮地写、勇敢创新地写、逻辑清晰地写、充满自我地写、动心动情地写,写出一篇篇考场佳作!

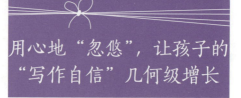

用心地"忽悠",让孩子的"写作自信"几何级增长

20世纪60年代,美国心理学家罗森塔尔做过一个著名的实验。有一天,他和助手来到一所小学,要在学生中进行一次"发展测验",评估学生的未来发展前景,然后,他们从一至六年级中各选三个班,又从校方手中得到了一份全体学生的名单。在经过抽样后,他们将一份最有发展前途学生的名单神神秘秘地交给老师,并告诉老师们,他们通过一项测试发现,这些学生有很高的天赋,有很大的发展空间,只不过尚未在学习中表现出来,并嘱咐老师们要严格保密。

八个月后,他们又来到这所学校进行复试,惊喜地发现,当初名列"有发展前途"名单上的学生成绩进步很快,性格更为开朗活泼,与老师和同学的关系也比以前融洽了很多。

其实,罗森塔尔那份名单是随机抽取出来的,跟所谓评估一点儿关系也没有。通过"权威性的谎言"暗示老师,并随之将这种暗示传递给学生。尽管老师们悄悄地将这份名单暗藏心中,却在不知不觉中通过眼神、微笑、言语等途径,将掩饰不住的期望传递给那些名单上的学生。他们受到老师的暗示作用后,变得更加开朗自信，充满激情，在不知不觉中更加努力地学习，变得越来越优秀。这个实验，罗森塔尔把它命名为皮格马利翁效应。

低年级的孩子刚刚接触写作，最需要的是强大的写作自信。而播下写作自信最好的方法便是像罗森塔尔一样，用心地"忽悠"孩子。要学会给孩子以积极的暗示，要让孩子对写作的成果充满希望，两眼放射自信的光芒。

给孩子评分时，经常给孩子加分，并且慷慨地加分，找到充分的理由加分；经常用"哇，你的写作好有灵气""你的语言很有文学的气质""你的表达与众不同""你独具慧眼，写出了自己独特的感受""你的作文写得真好，将来一定能成为一个作家"之类的语言来称赞孩子。

这样，孩子受到老师或家长"专业的忽悠""权威的赞扬"后，心中的写作自信就会"几何级"增长，写作时就会加倍努力，因而孩子们写出超水平的作文就大有希望。

考试提前,不要手忙脚乱

马上就要期末考试了,考试又提前了。

是不是很想唱一首《我的心太乱》……其实,我一开始也是心很乱,计划全被打乱之感,但好好捋一捋,也就没那么乱了。

早考早轻松

无论何时考,皆可接受。无论何时考,皆须接受,考早考晚都须考。

晚考不如早考,早考早轻松。

心态很重要

"五岭逶迤腾细浪,乌蒙磅礴走泥丸。"积极乐观的心态、勇敢大无畏的情怀是那样光芒四射。

在火爆网络的衡水中学学霸张锡锋的眼中,高难度的数学题是那样优雅、美丽,是那样可爱、别致,因此,他攻克了一座又一座"山峰",由此可见,心态很重要。

面对试卷上的难题,千万不能还未思考便已觉泰山压顶,一定要远离紧张，乐观面对，或许，拥有轻松淡然的状态，灵感与思路就会结伴自来。

现在抓紧还不晚

哪里有学霸，所谓学霸，都是把别人睡懒觉的时间用在学习上了；哪里有学霸，所谓学霸，都是把别人刷抖音的时间用在学习上了；哪里有学霸，所谓学霸，都是把别人怨天尤人的时间用在学习上了。

最后十天很重要，可以制订科学的复习计划，可以将知识的盲点弄懂，可以将弱科强化，智慧复习、高效复习，同样可以达到二十天的复习效果。

在距离考试还有十天的日子里，明白这些道理一点儿也不晚。

人生的考试千万场，奋斗时刻不能离场。无论是哪一场考试，都只是考试生涯中的一个站点，未来的继续深造，未来的求职入职依然要考，这些考试同样重要，我们只有奋斗不息，未来方可厚积薄发。

我们要深深明白：不奋斗，世界那么大，你靠什么去看看。

我们要永远记住：人生最痛苦的事情，不是我不行，而是我本可以，本可以细心一点，本可以用心一点，本可以……

足够努力，一定会有"十分成功"

心若在，梦就在，天地之间，还有真爱。

成功固然很好，失败也不可怕，因为，无论是怎样的你，你的家人、朋友、老师都会永远爱你、永远支持你、永远陪伴你、永远看好你。

既是学生,怎能不考,成长路上又有谁能一直考得很好,又有谁不曾跌倒。但请记住,即便失败,也要坚强,因为心若在,梦就一直会在。

我们受过的伤,我们流过的泪,都将成为未来人生的勋章,都是自己送给未来的最好的礼物。唯有历经人生的种种大考,才能真正成为未来的成功者,才会绽放自信、美丽、灿烂、迷人的微笑。

考试提前,冷静面对,只要你足够努力,定会取得成功!祝福各位考生考出优异的成绩,拥抱美好的明天。

我这样给孩子上"课堂之外"的"课"

"非正式"的课,就得"非正式"地上,最好是在不知不觉中进行。倘若还是用特别有"师道尊严"的感觉、用"上课感"特别强的方式,一定会令人反感。当然,课可以上五分钟,可以十分钟,美食课则可以上一个小时,不一定是常规的四十分钟。上课的形式、上课的时长,直接决定上课的情绪,以及上课的效果。

我们要努力做"有趣的人",上"有趣的课"。语言要幽默,氛围要轻松,心情要愉悦,语气语调要亲切。以下是我与源子一起上的几节课片段。

以游戏的形式,上"鼓舞课"

晚饭后,我跟源子说,我们来比一比谁能发现更多的这段时间家人身上的优点?我一条,你一条。

就像孙友田老师的散文《望月》中的"月下对诗"一样。此时,家人身上的优点不就如同那天空中的"月亮"吗?

爸爸可以辅导我学习,源子体贴爸爸妈妈,妈妈天天陪伴我学习。爸爸炒菜很好吃,妈妈认真完成工作,源子的学习逐渐走向独立。爸爸天天录课很认真,妈妈每天为我做上课资料的准备,源子认真执行作息时间表……

就这样,说了好多回合。在轻松愉悦的氛围中,一家人懂得了彼此欣赏,彼此感恩,每个人都发现了自身的价值,自身的优点,以及对于彼此的意义。

以聊天的形式,上"倾听课"

睡觉之前我给源子贴上了眼贴,然后问道:"源子啊,你觉得在家上学最大的烦恼是什么?"

源子一股脑儿说了以下几条:眼睛"干涩"(我的心被狠狠地"刺"了一下);想看到老师的脸,想念老师,想与老师互动,互动不了;没有同学跟我一起聊天(怎么有种想要流泪的感觉)。

这孩子对学校、对老师、对同学有多么地想念啊!只是一直没有说出来而已。宅家上学的孩子,太难了。

以整理的形式,上"反思课"

第一,整理资料。开学才三周,资料已有那么多,不整理一下还真会乱。整理之后,只须翻看一下,便能找到自己各门学科的问题所在。有的知识虽已学过,但是未曾复习巩固,自然也不会在脑中留下深刻的"痕迹"。整理资料时,再看这些知识,依然像"新知"。对发现依然像"新知"的"旧知",进行复习、反思,就是整理资料的意义。

第二,整理客厅、整理房间。在整理时,可以一起反思平时生活中存在的问题。事实摆在眼前,无须再说教,自然会发现问题，进行反思，进行自省。

以"笔记"的形式，上"计划课"

计划不能用嘴说，一定要形成文字。文字不要长篇大论，简单点，列条文。具体到学科，具体到时间点。如：周一早读背"过关历史一二课"，周二早读读背"语文文学常识"，等等。关键是，抓落实。

有没有说到做到？有没有实现目标？只有计划变成行动力，一切才有战斗力。

"煮饭道""教学道"

近期,我常常煮饭。每次煮饭,我都喜欢"晒一晒"。

每次"晒饭"之后,我总喜欢慢慢琢磨。现将这几天煮饭中悟出的"道"记录下来!

煮饭的形式,很重要

如果持续若干天,都是白米饭,请立即"高度重视"。这种煮饭方式必须立马有所改变。否则,会产生"白米饭厌食症"。不要怪伢儿不好好吃饭,主要是持久不变的白米饭已无法引起孩子吃饭的兴趣。煮饭的形式,常变常新,很重要。

悟教学之道:

煮饭的形式,很重要。如同我们的教学,倘若每天都是用相同的教学方法进行教学,还责怪学生不专心听讲,是不是要另找其他原因。比如,教学的方式是否引起了学生的学习兴趣?

饭的颜色,很重要

当我们将白米饭的形式换成各种"花式"米饭时,我们就要考虑用上哪些食材，颜色怎样搭配才好看，让人看着就赏心悦目，看着就味蕾大开。

悟教学之道：

如同我们的课堂是不是可以用上图画、音乐、视频、现代教育技术等形式让课堂变得"多彩"，从而调动学生的各个感官，让学生积极地参与到学习中来。或者我们的老师每天穿着很好看的衣服，梳着很清爽的发型，让学生一看就感官愉悦，就产生舒适感与喜爱感。倘若如此，学生的学习效率会不会更高一些？

煮饭的量，很重要

煮饭的量，很重要。不能一下子煮太多，吃一次就够了。要煮得刚刚好，吃了还想吃，但锅里已经没了。只能在慢慢回味中，期待下一次再煮了。

悟教学之道：

如同我们的教学不要一下子讲太多，"吃"得太多，容易"消化"不了，最好留有"悬念"。教学的内容要适量，让学生有"回味"的时空，有"巩固"的意识，同时，对后面的知识充满期待。

聆听评价，很重要

要想听到别人的评价，一定要敢于"晒"。"晒饭"，是听到评价声音的最好方法。比如我"晒了两次饭"，评价的声音可归类如下：

鼓励型评价，如：

有生活情趣!

哟,"网红饭"!

啊!相当认真!

隔屏就闻到了香味!……

幽默型评价,如:

确认了,你不是会做饭的人!

你是"至简煮饭"。

粥吗?水有点少。饭吗?米又像有点少!

多烧点菜,少做点这么好吃的饭,当心主食吃了,发胖!

一直以为你煮的是粥!

指导型评价,如:

朋友圈最不缺的,就是煮饭高手。

萝卜和肉都要炒一下。

我总是煮好后,再用生抽蚝油浇在饭上拌一下,再焖一小会儿。

当然,还有干脆来电话指导的:"像你这种人,最好就做那些最简单的!我教你几种:土豆饼、西红柿面……"

我听了半天,觉得还是有点复杂!我就梦想着我能用最简单的方法,做出味道不错的菜。哈哈,这好像只能是一个"梦",不好好研究,不花点时间,又如何能煮上理想的饭呢?

综上,鼓励性评价给我力量,幽默型评价给我快乐,指导型评价帮我指引方向,但不管是哪一种评价,我都感到弥足珍贵。在这些评价中所收获的是比"五彩饭"更美味的"精神套餐"。

悟教学之道:

要想听到真实的声音,一定要敢于晒!比如,你想知道自己的教学有哪些优缺点、有哪些可以改进的地方,就得不怕晒课!你想知道自己的文章有哪些优缺点、有哪些可以改进的地方,就得不怕晒文!你想知道自己的方案有哪些优缺点、有哪些可以改进的地方,就得不怕晒方案!

敢于"晒",才能听到各方不同的"声音",也才能取得进步!

走进儿童的世界 设计教学

探讨这个话题之前,我想先与朋友们探讨"儿童的世界"这个词。儿童的世界是什么样子的?不妨让我们乘上哆啦A梦的时光机将时光倒流至我们的童年。我们是否发现,我们曾经的童年多么渴望游戏,我们曾经的童年又是多么渴望探究神奇的世界,我们曾经的童年更是多么渴望拥有天真可爱的玩伴。儿童的世界应该是欢愉的、爱挑战的、自由而又渴望合作的。

于是,作为一个面对孩子缤纷多彩的童年的小学语文老师,我开始慢慢反思自己近二十年的教学实践:是否每天的语文课堂都是站在儿童的立场进行设计的?是否自己真正蹲下身子走进了儿童的世界?学生又是否在享受自己本应欢愉的童年?自己的教学设计是否满足了孩子对未知世界探究的欲望?又是否点燃了他们对知识世界探求的热情?在一个个反思与对自己的追问之中,我不禁汗涔涔了。

成尚荣先生认为,儿童立场的核心是发现儿童和引领儿童。儿童立场有着丰富的内涵,但其特质与核心是如何看待儿童和对待儿童。只有真正认识儿童和发现儿童,才能坚守儿童立场。于是，每天的语文课堂，我总要让自己置身于儿童的世界，去想象孩子们期许的课堂风景。我突然发现，同样的教学内容只要用心改变一下学生的学习方式，学生便会享受无尽的欢愉，学习的效率也随着游戏的课堂变得高效起来。

下面我撷取近期课堂实践中的几个小片段、小做法，来阐明这个话题探讨的价值性。

"故作神秘"——触碰儿童的兴奋点

对于新鲜知识的好奇，是每个儿童的心理特点。新鲜知识用什么样的方式传递给学生，则直接关乎学生的接受程度，关乎教者的教学效果。

优秀学生讲解 VS 传递悄悄话

以苏教版小学一年级语文上册"识字4"为例。两位老师在教学昆虫词汇的时候进行了不同的设计。

A老师，让几名优秀学生课前进行充分的准备，在课堂上进行讲解，每种昆虫的介绍字数多在200多字，内容较多，对于一年级的小朋友来说，比较困难。学生边介绍边想"台词"，介绍的学生感到吃力，听讲的学生听起来也感到费力，有的虽在倾听，但完全是一副"被认真"的神态，听得云里雾里，几个学生轮番讲完之后，大部分学生未能记住所讲内容。而且，语文课上成了科学课，学生学习语言的能力、语言表达的能力未能得到应有的提升。

B老师，在课前进行了认真的备课，将每种昆虫最具特点的地方，用一句话表述出来，如：

螳螂是捕虫高手，捕虫只需0.05秒。

蚂蚁是个大力士，能举起超过体重50倍的东西。

蟋蟀是个歌唱家，但它不是用嘴巴唱歌，而是用翅膀"唱歌"。

……

课堂上，B老师结合"练习4"的口语交际"悄悄告诉他"，在与学生做游戏的过程中完成了这部分的教学。具体教学过程为：坐得最好的小朋友奖励为第一个传话人，倾听老师传递昆虫的奥秘，然后，模仿老师说话的语气，依次往后传，每种昆虫的特点由不同小组传递，让每个学生都加入这个游戏之中，他们既是一个虔诚的倾听者，又是一个需要表达清楚的传话者、模仿者，学生的眼神之中写满了期待，神态之中流淌着兴奋，再加上老师预设的富有童趣、切中要害、生动形象的示范语言，学生倾听习惯的养成、表达能力的提高及语言的积累在轻松快乐的游戏之中悄然完成。

"设计挑战"——刺激学生的兴奋点

儿童的内心世界总是涌动着挑战的想法，他们总想从与别人的挑战之中获得成功的喜悦。康德早就认定，人是一个有限的理性存在，但有无限的可能性。处在发展过程中的儿童更是有无限的可能性。从这个角度设计教学，很容易一下子就刺激到学生的兴奋点。

在"人物传记"导读的一节阅读交流课中，一位老师设计了如下的教学活动：

首先是比"吹牛"，即将自己所阅读的"人物传记"中的人物最伟大的成就，也就是最"牛"的地方，用整齐的句式"吹"

出来。这下可好，所有学生的情绪一下子兴奋起来，都在拼命地寻找人物最牛的地方，都在拼命地思考最佳的表达方式，都想让自己所读的人物成为"最牛"的人物。于是，学生组织语言的潜力、口语表达的潜力，一下子被最大限度地挖掘出来，课堂自然别样精彩。

接下来，老师又设计了"比讲最具影响力的故事""比'晒'阅读书籍的好方法""比做人物小卡片"等活动。在一个个极具挑战的活动中，学生的学习一直处于亢奋状态、注意力一直处于高度集中状态、思绪一直处于"出发"的状态，当然，更主要的是，学生语文学习的能力、语文学习的策略、语文的综合素养在挑战之中得到了全面的飞跃。

"给其自由"——满足学生的兴奋点

美是自由的象征。人人渴望自由，渴望民主。教育家伊拉斯谟认为，拉丁文中的"儿童"意味着"自由者"，因此，"在心性上，儿童是缪斯性存在"。在我们的语文课堂中，常常会让学生分角色朗读课文或是表演故事，如果老师总是随意地、一成不变地开火车或是让同桌作为学习的唯一伙伴，那么学生的学习就缺少期待。一位老师在执教《大作家的小老师》时，设计了这样两个活动：一是让学生自己邀请小伙伴与自己分角色朗读；一是让学生自己选择自己认为最合适的小伙伴与自己共同表演故事。笔者注意观察了一下，当老师宣布让自己自由选择小伙伴时，学生的眼神之中顿时格外兴奋，就如同自由恋爱的恋人一样，新鲜而快乐，主动而积极，学生与自己的"意中人"一起朗读，一起表演，显得尤为亢奋、尤为认真、尤为出彩。

童心从另外一个角度体现着可能性，可能性隐藏在童心中，寻找可能性首先要呵护童心。我们可以这么说，童心是儿童发展的密码，当然也应是教育的密码。

总之，只关注教学内容，不关注教学形式，就忽略了学生的精神生活和心灵的成长；只关注教学形式，而不关注教学内容，又会让教学变得肤浅而不深刻。因此，只有走进儿童的世界，用适合儿童的教学方式，去教学语文本体的内容，才是完美的小学语文教学。在这样的语文教学之下，学生的成长才是欢愉而有质地的，这样的课堂才能真正从"知识课堂"走向"生命化课堂"。

「育」见未来

——教育，理想父母的高质量陪伴

故乡的原风景

我一路越过千山和万水，才发现这世间最美的、最令人魂牵梦萦的，还是在那里——我童年生长的地方，我永远的精神故乡。

那里有一所学校，一所乡村学校，她有一个诗意的名字，叫芸阁小学。"芸"本是一种香草，《淮南子·王说》曰："芸草可以死复生。"可见其顽强与神奇。"芸阁"，亦有藏书之所之意，所以，从这里走出去的每一个学生，浑身都情不自禁地会浸染书籍的芬芳。学校大门的上方，是芸阁小学的一位王姓老校友书写的周恩来的那句名言"为中华之崛起而读书"。或许是这句名言，每天都在默默地给这里的学生与老师某种神奇的向上的正能量，这所学校的学生成绩总是很好！因此，这所很小的乡村学校吸引了来自邻近的长庄、桃园等乡镇的孩子来此读书。

在我的心中，那是一个唯美的"桃花源"。或许，我描述的这种美好，会让你难以置信。但这一切，都是真的。

她的东边是一片葡萄园。清风徐来，藤萝摇曳的葡萄架下，似乎藏着一个个动人的童话故事。

南边是一片桃园，春天到了，粉红的桃花映红了我们的脸庞，桃园里荡漾着我们的欢声笑语。

北边是一片梨园。夏日的午后，我们会搬上一把小椅子，带上一把水果刀，采摘新鲜的梨子，任凭自己吃个够。

西边是一个小土坡，土坡上是一片树林，我们会带着自制的捕捉知了神器，收获一个又一个美好的时光。

再西边就是如海运河。伴着夕阳的余晖，早早放学的我们，会带着一把小铲子，卷起裤腿，尽情地挖蜻蜞。

  故乡的原风景，就是这么诗意而美好

我在学校所居住的那间屋子，设置简单得很，除了睡觉的一张床之外，就是这所学校的"书橱"。如此简约的方寸之地，在我的眼里，却是一个世界，一个精彩的、无边无际的世界。每天晚上，没有任何烦扰，我乘着文字的翅膀，游览壮丽的山河，沉醉于动人的故事之中。那时候，我喜欢读小画书，非常清楚地记得，当时我一口气读完几十册连环画《血疑》之后，独自沉浸在故事之中，默然无语，泪湿枕巾的宁静夜晚；也非常清楚地记得，当时看艾捷尔·丽莲·伏尼契的《牛虻》，我内心开始默默崇拜为自由而奋斗的革命志士牛虻；更加不会忘记，在那个鲜有远途旅行的年代，我天天翻阅介绍祖国锦绣河山的丛书，在心里悄悄埋藏遍览名山大川的梦想。

  故乡的原风景，就是这么简约而美好

学校的东边，有一座小石桥。这座小桥上每天都有一道美丽的风景。风景的主人公是我的妈妈，还有我的爸爸。每天夜幕降临的时候，妈妈总会站在小石桥上向北遥望爸爸归来的身影。那时，没有摩托车，更没有汽车。爸爸在如皋城北门工作，每天早晨五点多骑行到如皋上班,晚上下班后再骑行回家。每天往返需要骑行两三个小时。在现在的我们看来,这简直是不可思议的事情!但在我的记忆里,无论是大雪纷飞,还是酷暑难耐;无论是寒风凛冽,还是大雨倾盆,在如皋城工作的爸爸每天早晨总是从家中出发,每天晚上又总会从如皋回来。而妈妈每天也总会在小石桥上耐心等待。从那条路上来往的过客,对这一情景总会记忆犹新。源子的爷爷曾是其中的一位过客,他也常常提起这一幕。

后来,我离开家,上了初中,读了师范,开始工作。每次我回家的时候,总会看到妈妈站在小石桥上翘首等待的身影。每当此刻,我总会情不自禁地泪湿眼眶。

故乡的原风景,就是这么温馨而美好

这里,是我学习开始的地方,也是我从小生活的地方。

在这里,我们一家一直住了二十多年。

这里,是我精神启蒙的地方,也是我情感生长的地方。这里,储藏了我人生中最美丽的、最柔软的时光,她永远是我精神皈依的"桃花源"。

老师的批评里，藏着世间最美的情感

每次党员活动都要开展批评与自我批评，因为，批评使人进步。

孩子在学校难免会犯这样那样的错误，老师自然也会进行批评教育。那么，我们家长该怎样引导孩子面对老师的批评，才能更有利于孩子的成长呢？我们先要让孩子认同：老师的批评里藏着世间最美的情感。

因为有人批评，我们才会成长。因为有人批评，我们才会反思。这世上希望孩子各方面表现好的，第一是父母，还有并列第一的是老师。确实是这样，老师希望孩子表现好的愿望，有时会超过家长。

有的家长为了安慰孩子，故意说老师不好，这无形之中降低了老师的威信，以后孩子还听得进老师的批评吗？有的家长不服老师的批评，与老师"理论"，护着孩子。那哪个老师还会再批评你的孩子呢？那不是给自己添乱吗？所以家长要引导孩子学会"本质思考"：老师批评的最终目的是什么？肯定是希望学生变得更好，那一定是善意的批评。我们不但要接受批评，更要感恩批评。

要让孩子想明白一个道理：只有当老师把你放在心上，对你充满希望，才会花时间批评你。如果老师"忽略"了你的毛病，你的"毛病"就会"渐渐长大"，后患无穷。所以，老师的批评里，一定都藏着深厚而真诚的情感。让孩子明白这一点，他们就能理解老师的批评。

当然，老师批评的时机要有"留点面子"的恰当，批评的方式要有"和煦春风"的人性化，批评的语言要有"人人平等"的尊重，批评的语气要像"德高望重"的师长。

如此，师生之间的关系会温暖而相互信赖，批评才有效和有力量。

将寒假过成"动人的诗"
——这个寒假,"希望"的遇见

假期不是学期,除了学习以外,我们要努力将假期规划成"生活"应有的样子。在"寒假"这个时空里,我们可以亲近自然,打卡运动,亲近艺术,深度阅读,亲近科学,创新探索。

我希望在书城遇见孩子。置于书城的阅读与置于家庭的阅读,其阅读的感受是大不一样的。在书城,我们可以"看见"更广阔的天地,可以"涵养"更芬芳的书香气质,可以"遇见"更多专注并令人感动的目光。在书城,本身就是置身于一个美好的"教育场景",所有言语,皆是多余。

我希望在历史文化景点遇见孩子。漫步历史文化景点,我们的思想可以"穿越"时光,从历史人物的身上汲取人生的智慧。我们在行走之中学会思考,然后不断丰富和形成自己的思想体系。

我希望在奥体中心遇见孩子。人生之美,在于运动。运动缤纷我们的生活,激活全身的细胞,磨炼我们的意志,激发拼搏的动力,强健我们的身体,精彩我们的人生。日日坚持,运动"上瘾";心有所钟,不为所动;专注一事,便能动人。

我希望能在城河之畔遇见孩子,不仅是孩子,还有牵着孩子的爸爸妈妈、祖辈亲人。世间最美,是亲情。贴心陪伴,是给长辈最好的慰藉。有所行动,是给长辈最好的礼物。点滴细节,更能闪烁"人性光辉"。在"寒假"里,我们要努力温暖一米以内的人。

我希望在影院遇见孩子。故事的有声表达,画面的磅礴震撼,情感的生动演绎,情节的跌宕起伏,音乐的完美渲染,人生的哲学思考……这一切,电影都可以教给我们。

我希望在田野遇见孩子。闻一闻泥土的芳香,接受大地的馈赠,洒下劳动的汗水,体验劳动的艰辛。人与自然和谐共生,我们都是大地之子。

教育的主要目的是培养人如何在他们的日常生活中、在人与人相互对待和社会交往活动中发展一种积极健康的心理。而寒假正是教育的好时光。不是坐在教室才是学习,不是身在学校才有教育。学习、教育的发生,无处不在,无时不在。

"双减"之下的寒假,让我们一起转变思想,带着孩子回归自然,享受亲情,拥抱生活;带着孩子融入社会,调节身心,感受时代的脉搏。

有品质的寒假生活,应如图画一样多姿多彩。有了希望的"遇见",未来才充满"希望";有了"希望"的遇见,假期才叫"多彩生活",寒假才能过成"动人的诗"。

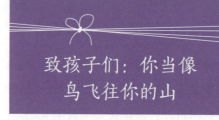

致孩子们：你当像鸟飞往你的山

昨天，午间时分，曹老师说："经过一夜的风雨之后，鸟窝里都是烂泥，鸟儿可能不来了。"心里一阵失落。

傍晚时分，窗外传来阵阵鸟儿的欢歌，打开窗一看，只半天工夫，鸟儿的家就重新"装修"到位了。

万物皆有灵，鸟儿亦为师。

这是一对"心理强大"的鸟儿，狂风暴雨肆虐它们的家，它们一笑而过，重新构建新家，用行动傲对风雨。我给它们劳动的号角填词：心若在，梦就在，没有什么可以阻挡我们创造美好未来。

这是一对"生活有诗意"的鸟儿，它们新建的家，有了几片绿叶的陪衬，如同它们家有了"绿植"，有了生命的活力与艺术的美感。多一片嫌多，少一片嫌少，参差错落，如同一位极懂装修的设计师一样。

这不由使我想起包世臣论王羲之的字，看来参差不齐，但如老翁携带幼孙，顾盼有情，痛痒相关。

这是一对"勇敢展示自我"的鸟，我举起手机拍它们时，它们或静静伫立，或盘旋飞，各种姿态，不同角度，如同模特一样，尽情展现自己的美丽。

用近期流行的歌名串烧，迎接鸟儿又来我们家。《等你等了那么久》，心中《太想念》。《你的万水千山》，必将《一路生花》，迎接你们的定是《星辰大海》。

明天高考，十天后中考，后面还有各个学段其他年级期末考，愿所有考生，如同这对鸟儿一样，保持好内心的井然有序，沉着、冷静地面对人生的考验，灵动、勇敢地展示自我才华，自信、执着地飞往自己的远山。我相信，你们一定可以！因为你们从未惧怕风雨，你们从未停止飞翔。

祝福所有考生稳定发挥，迎接属于自己的美丽新世界。

用儿童的方式陪伴孩子打开小学之门

入学适应教育已成为深化义务教育课程教学改革的重要任务，并已纳入一年级教育教学计划。

当下，各地也正在探索改革一年级教育教学方式，主要采取游戏化、生活化、综合化等方式实施，强化儿童的探究性、体验式学习。

亲爱的宝爸宝妈们，提前做好入学适应，用儿童的方式陪伴孩子打开小学之门吧！

身心适应

1. 哇，小学生活好精彩

带孩子去即将入学的小学看一看，给孩子讲一讲这所学校的文化，让孩子的心中对新的学校、新的小学生活充满无限的向往。

2. 你很棒

用"放大镜"放大孩子的优点，并在合适的场合表扬他，让他在内心深处肯定自己，相信自己，培植孩子强大的自信心。

3. 生活有快乐也会有忧伤

抓住合适的时机,告诉孩子生活中有快乐也会有忧伤。比如,奥运会。我们可以陪同孩子一起观看比赛,让孩子明白奥运冠军夺冠的喜悦,也让孩子明白奥运赛场失利的悲伤。

但无论是快乐还是悲伤,都有"营养"。这就是生活的"味道"。努力平静面对。

4. 有烦恼你就悄悄告诉爸爸妈妈

走进小学,难免会遇到学习和生活的烦恼,爸爸妈妈要与孩子建立安全的心理关系,让孩子"烦恼不过夜",学会倾听,保持健康的心理状态。

5. 开展家庭运动大 PK

良好的运动习惯可以促进儿童的神经系统发育,有助于儿童精力充沛地应对小学的学习与生活。

孩子一人运动与全家一起运动,效果是不一样的。与孩子一起拍球、跳绳、踢毽子、跳皮筋、抽陀螺、滚铁环等,促进他们动作的协调灵活,锻炼他们的力量和耐力。大手拉小手,大家一起动起来!

6. 精细动作发展很重要。

一年级就要写字啦!手眼协调、手部精细动作的灵活发展,是儿童正确书写的重要生理基础。入学前可让孩子学习编织、剪纸等,发展儿童精细动作的灵活性和协调性,提高握笔和运笔的控制能力。

生活适应

1. 全真模拟作息时间

小学上学时间比幼儿园早一点!每堂课的时间比幼儿园长一

点！下课铃打响，首先就要去上厕所！上课铃打响，就要立即走进教室！眼保健操时间，要认真做眼保健操，眼睛才会感觉舒服！

2. 全真演练突发状况

哎呀，我的鞋带掉了，怎么办？（在家先练会哦！）

哎哟，上体育课太热了，怎么办？（懂得自己增减衣服哦！要会自己拉拉链！）

哎呀，桌上的书本太多了，怎么办？（上完一课，就将用完的书本整齐地放进抽屉，然后将下一课的书本准备好！）

哎呀，什么是值日啊？（哈哈，你是班级的一分子，每个小朋友都要为班级值日哦！扫地啊，倒垃圾啊，给花浇水啊，中午分餐啊，劳动最光荣哦！）

社会适应

1. 知道一个新名词：班集体

积极的暗示很重要。"我们的班集体好棒哦！我爱我的班集体！我要多为班集体做点事！"

2. 珍惜每个新同学

拥有朋友，就会拥有更多的快乐！"能帮助同学，说明你很厉害！你会感到快乐！学会交往很重要，绅士淑女人人爱！"

3. 理解"规则"这个词

在具体的情境中理解什么是规则，让孩子知道遵守规则，受人尊重；不遵守规则，要承担后果。

4. 懂得"我是中国人"

陪同孩子观看奥运会中国运动员领奖的视频，培养孩子热爱祖国的情感。

学习适应

1. 告诉孩子不懂就要问

在学习中一定会遇到不会的问题,这并不是因为自己不行,而是因为在学习新的知识。不懂就问,是个好习惯哦!不懂就问,就会越来越棒!

2. 做一个有计划的孩子

让孩子练习用图画、符号、文字等自己喜欢的方式,制订每日计划表或任务清单,指导和督促孩子按时完成,体会有计划做事的重要性。

家长要注意观察孩子完成任务的情况,遇到困难时,不急于干预,鼓励他们自己尝试解决问题;不能独立解决时,家长再给予指导。

3. 挑战一下:自己能持续专注多长时间

家长和孩子一起比赛,比如:沉浸式阅读能坚持多长时间?持续绘画能坚持多长时间?做一项运动能坚持多长时间?让孩子拥有持续专注的能力!

4. 办法总比困难多

遇到困难,可以自己努力解决,可以求助老师,也可以求助同学。家长可以故意制造一些困难,培养孩子解决问题的能力,让孩子明白:自己不是一座孤岛。

5. 能将事情清楚地讲给别人听

每天跟孩子聊天,可以聊书中看到的故事,可以聊当天发生的事情,指导孩子学会清楚地表达。

6. 去超市购物，培养数学经验

去超市体验购物等，帮助孩子在实际操作中积累运用不同策略解决加减运算问题的经验。

亲爱的宝爸宝妈们，提前做好入学适应，用儿童的方式陪伴孩子打开小学之门吧！

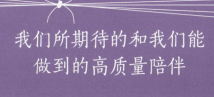

我们所期待的和我们能做到的高质量陪伴

这是一份"命题作业"

好友维维给我布置的"命题作业",我认真思考了很久。非常感谢维维老师,她常常带给我写作的思考。

我与她及一群好友共处的时光,留下了很多美好的片段。每当想起,依然温暖四溢。

作为"孩子是学生"的父母,我们需要怎样的高质量陪伴?

父母这个角色是分阶段的:"孩子还是学生"的父母,"孩子已经工作"的父母,等等。

作为"孩子是学生"的父母,我们所期待的孩子对我们的高质量陪伴是怎样的?

我们希望孩子可以完全自主学习。然,不太可能。我们希望孩子可以极度自律。然,只是奢望。我们希望孩子学会老师讲的，考试满分。然，只是做梦。我们希望孩子可以自己做饭。然，天天在翘首企盼。

我们希望孩子也能煮饭给我们吃。然，仅限偶尔试试。我们希望孩子自己洗衣服。然，只能独自笑笑。我们希望孩子的计划等于行动。然，他们只是心血来潮。但有一些"别人家的孩子"是能做到的。

以上都能做到基本是奢望。

我们一起来思考一下：如果所有的"然，……"变成了"然后，他们就这么做到了"，那是不是我们会以为"太完美啦"？然而，这是"真的完美"吗？

我们知道，现实难以如我们所愿。"应该怎样"和"事实的样子"之间差了一个"长征"的距离。然，没有"长征"，哪来那些动人的诗篇？

我觉得所有的父母都很了不起。因为他们都深深明白罗曼罗兰的那句至理名言：世界上只有一种真正的英雄主义，那就是看清生活的真相之后，依然热爱生活。我有几个朋友尤其了不起。她们在两个孩子处于不同学段的情况下，依然可以过得"秩序井然"，我无比崇拜她们。

源子常常问我一个她怎么想也想不明白的问题："妈妈，我有时不听话，你为什么还那么喜欢我？"孩子啊，在未来的人生路上，你就会渐渐明白：天下妈妈对孩子的爱是不需要任何附加条件的。

其实，还是学生身份的孩子哪有时间陪我们啊，时间够学习就不错了。学习是他们这个人生阶段该做的头等大事。倘若孩子真能那么自律，又能自强不息，乖巧懂事，哪还有什么"淘气包""小顽童"啊？

若每个孩子都能这么自律，父母与孩子之间也就没有那么多美好的时光可回味了，也就没有教育什么事儿了。我们的生活也就没有了童趣，丰子恺先生也不会画出那么多可爱的儿童漫画了……

所以，一切幸福的抑或痛苦的当下都是命运最好的安排。我们的身份是父母，培养孩子是我们的责任。没有一种培养是可以不辛苦的。

谁的幸福没有伴着汗水的滋味？哪一个黎明到来之前没有经历漫漫长夜？致敬所有的"孩子仍是学生"的父母，也致敬"孩子曾是学生"的父母。

作为"成年人的我们"，该怎样高质量陪伴自己的父母？

那接下来就要谈谈作为"成年人的我们"，怎样能做到高质量地陪伴父母？

我以为高质量地陪伴父母，就是常常去"蹭一顿"父母做的饭，你爱吃他们做的饭菜，他们比什么都开心。

我以为高质量地陪伴父母，就是偶尔"布置小任务"给他们做，他们能帮子女做点事情，会感到无比骄傲。

我以为高质量地陪伴父母，就是有空带他们出去转转，有子女陪着的游山玩水，是他们最好的养生之道。

我以为高质量地陪伴父母，就是静静地听他们讲那过去的事情，曾经年轻的、美好的过往，他们需要有人可以倾听。

我以为高质量地陪伴父母，就是帮他们刷刷筷子洗洗碗，子女们的孝顺勤劳,是他们最大的骄傲。

我以为高质量地陪伴父母,就是让他们不要成天想着自己年岁已老。不服老,精气神才好。

我们的身份是"子女",陪伴好父母,是做人最基本的善。我们高质量地陪伴父母,是对子女最好的言传身教。

我们当"一身晴朗"

这世界那么多人,多幸运,我有个"我们":我的亲人,我的同事,我的朋友,我的读者……

无论怎样,我们当一身晴朗;生活,当充满阳光。

父母高质量陪伴孩子的五种"美妙关系"

同行关系

高质量的陪伴,不是用家长的权威耳提面命地要求孩子必须怎么做,而是陪着孩子一起进步。父母与孩子是"同行关系"。

同学关系

高质量的陪伴,就是孩子学习时父母放下手机一起学习。因为"学习型家庭"是给孩子最好的礼物。父母与孩子是"同学关系"。

挚友关系

高质量的陪伴,是紧张的学习之后带着孩子绕着小城兜风,一边欣赏风景一边谈谈人生。父母与孩子是"挚友关系"。

驴友关系

高质量的陪伴,是找到机会带着孩子去看看外面的世界,因为"世界"才是最好的"书房"。父母与孩子是"驴友关系"。

知己关系

高质量的陪伴,是孩子遇到成长中的烦恼时,父母能换位思考,理解孩子的烦恼。讲一段哲理,讲一个笑话,讲一个励志故事,应是"心理咨询师"。父母与孩子是"知己关系"。

高质量的陪伴,父母与孩子相互看见,相互听见,相互启发,相互成就。高质量的陪伴,不应是父母为了孩子的成长,而自己可以理直气壮地不成长。高质量的陪伴,最理想的状态是父母与孩子一起在人生的跑道上快乐成长。

关于"爱"

如果孩子长期得不到爱的关怀,就会发育不良,智能衰退。

关于"教育的相互关系"

教育孩子的过程,其实也是自我教育的过程,你希望孩子怎样,自己就努力怎样。在一个家庭里,你快乐,孩子就快乐;你暴躁,孩子就暴躁。

关于"礼物"

教授技能更多的是学校的事,而孩子的品质大多来自家庭。我们劳碌一生,或许不能积累太多的财产,但可以通过生活培养孩子优秀的品质,这是留给孩子最好的礼物。

关于"教育手段"

我们都希望自己的孩子能够生活得快乐和幸福,既然快乐是我们教育的目的,那么,教育的手段和方法也就应该是快乐的。虽说"打是亲,骂是爱",但如果经常打,经常骂,那就不是"真爱"了。野蛮产生野蛮,仁爱产生仁爱。

关于"教育时机"

要成为一个快乐的教育者,要努力做到:不在自己情绪糟糕时教育孩子,不在孩子情绪糟糕时教育孩子,不要只看到孩子身上的缺点。

关于"家人共聚"

一家人吃饭时是常常争论还是轻轻交谈,可以反映这个家庭是渐行渐远,还是越来越亲。何种氛围,对孩子的成长十分重要。

家人共聚的时光,是人生中最幸福而美好的回忆。

关于"积极暗示"

90%以上在品质、意志、智力等方面突出的人,都在自己的童年时期获得过来自父母亲人的积极暗示。

经常帮助儿童,让他们获得胜利的满足感。在困难中鼓励儿童的人,会得到儿童的爱戴。

关于"家人共聚"

受委屈的人很少反思自己的过错,因为愤怒和不平占据了他的心灵;而受感动的人常常反省,因为感动增加了他内心的勇气。

关于"自尊受伤"

当孩子的自尊心受到打击时,任何孩子的内心都是痛苦的,有的在内心反驳,有的在憎恨自己。消灭自信最好的方法,是经常性的否定和指责。

关于"天赋"

每一个孩子都有灵性和与生俱来的禀赋,关键在于怎样去开发和训练。

关于"藏书"

一个家庭有没有藏书,是家庭环境好坏之分的重要标志。

关于"写作"

写作无所不在,我们应从小就开始让孩子以各种方式"写"和"作"。

关于"乐观心态"

积极乐观的心态就像一个强有力的磁场,会让困难的事情得到解决的转机。

关于"亲近自然"

热爱自然的孩子,是不可能变坏的。
周末了,带孩子与自然相拥吧!

孩子们所期待的"理想父母"的样子

我们每一位为人父母者,都在努力成为优秀的父母。然而,父母是否优秀,其评价标准必须来源于我们的"服务对象"——孩子。回避孩子们对自己的意见,我认为这是很不明智的。人总是有权评价一个人的。请听一听,我们今天的孩子们是怎样描绘理想的父母的。

也许,在他们的"诊断"中,我们会发现自身存在的问题,找到自己前行的方向。

近期,与一些孩子进行了"我心中的理想父母"的交流。让我们一起来听一听来自孩子们的声音。

不忘自己的儿童时代,成为孩子的同龄人

最理想的父母应当不忘记自己的儿童时代,知道我们的快乐和忧伤。我们开心时,他们陪我们一起开心;我们伤心时,他们陪我们一起伤心。就像我们的同龄人一样。

最理想的父母能每天都听我们讲学校发生的故事,我在讲的时候,他们会耐心听,不嫌我们烦。

不要总是说"别人家的孩子好"

最理想的父母,不要总是在我面前说其他人家的孩子怎么好,让我觉得自卑。我只想跟自己比。

最理想的父母,就是能常常看到我的进步,常常给我鼓励,让我有前进的动力。

诚信公正,与孩子平等相处

最理想的父母是公平公正的,不管遇到什么事情,要先了解好事情的来龙去脉,再去判断谁对谁错。不要不分青红皂白都批评我,说我不对。

最理想的父母也要能承认自己的错误,不要以为自己是大人,就可以说我们小孩的不对。父母跟我们是平等的。还有就是要说到做到,不要老是说话不算数。

天天微笑,家庭气氛和谐

最理想的父母是天天微笑的,因为父母挂在脸上的微笑,能让我们拥有一天的好心情。

最理想的父母说话是轻言轻语的,不会总是大嚷大叫。有时候,他们吵架,让我们内心没有安全感。他们不会提多余的问题,不会左叮咛右嘱咐,没完没了,不会对芝麻大的小事吹毛求疵。

眼里不只有分数,常带孩子旅行

最理想的父母眼里不只有考试成绩,他们还会关心我们的心理健康,关注我们的学习压力。

最理想的父母要常常带我们出去旅行，让我们看看外面的世界。因为读万卷书，还要行万里路。

最理想的父母能关注我们的兴趣爱好，并常常支持我们，让我们做自己想做的事。

给孩子"安静的温暖"

最理想的父母，就是在陪我们做作业时，不在旁边摸手机、打电话、刷抖音、看电视剧，能安静地在旁边看书。

最理想的父母，就是在陪我们做作业时，不会在旁边唠唠叨叨，讲那些我们都懂的大道理。我们都听得厌烦了。

最理想的父母，就是在我们考试失败时能给我们一个拥抱。然后陪我们一起总结失败的经验和教训。不随意惩罚我们太多的作业。

热爱运动，热爱生活

最理想的父母热爱运动，每周带我们去一次体育馆，最好能陪我们一起运动。

最理想的父母能常常给我们制造一些生活中的小惊喜，让生活多一些新鲜的气息。

最理想的父母应该是我们真正的朋友。同他们能谈世界上的一切事情，可以不必担心他们耻笑我们。

最理想的父母能常带我们回老家看看爷爷奶奶、外公外婆。亲人是我们生活中重要的一部分。

这只是一部分孩子们眼中的理想父母。把这些内容放到我们成年人的话题中去，把儿童教育问题作为一个"关心的方面"，深入思考我们与孩子之间的相互关系，思考如何正确地评价孩子们，只有这样才能巩固我们同孩子们之间的联盟关系。

对于我们父母来说，孩子们所描述的"理想的父母"，正是我们追寻的理想。为人父母者，要把"家庭教育"当作事业，来思考与实践，陪伴我们孩子的成长，只有这样才能拥抱美好明媚的未来。

暑假驾到,"家庭学校"的校长们须做好"五项管理"

暑假是一学期的终点,亦是新阶段的起点。

暑假中,孩子学习生活的主阵地是家庭,一个家庭就是一所学校,虽然学生往往只有一个或者两个,但是各位宝爸宝妈作为"家庭学校"的校长,要想管理好这所学校还不是一件容易的事呢!

在家庭这所"学校"里,校长们在暑假必须做好"五项管理"。

作业管理

"家庭学校"的校长们要制定作业管理制度,规范作业来源,合理布置作业,统筹作业总量,每日评价作业态度。建议每日必修练字、阅读、笔记、运动。根据自家孩子的兴趣爱好、明显弱项进行选修。

"家庭学校"的校长们要树立科学的人才观与质量观,不布置超过课程标准要求的作业,不布置简单重复性和惩罚性的作业,不布置超过时长要求的作业,让暑假里的每一天都充满阳光。

睡眠管理

倘若上学期间,因为这样那样的原因,睡眠不足。那么在暑假,各位"家庭学校"的校长可要管理好孩子的睡眠了。

努力实现小学生平均每天睡眠时间不少于 10 小时,初中生平均每天睡眠时间不少于 9 小时,高中生平均每天睡眠时间不少于 8 小时;午休时间不少于 30 分钟;小学生就寝时间不晚于 21:20,初中生不晚于 22:00,高中生不晚于 23:00。养成良好健康的睡眠习惯,形成科学的学习与生活方式。

手机管理

适度使用手机,采用多种形式加强教育引导,让孩子科学理性对待并合理使用手机,提高学生信息素养和自我管理能力,避免"一禁了之"等简单粗暴的管理行为。

不得沉迷网络和游戏,不得过度使用手机以致影响视力和晚间睡眠时间,不让手机占据孩子的宝贵时光。

课外读物管理

各位"家庭学校"的校长要规范孩子的课外读物,确保课外读物质量。要坚持方向性、全面性、适宜性、多样性和适度性原则,主题鲜明、内容积极、可读性强。

家长对孩子的阅读书籍要完全了解,一旦发现问题读物,应及时予以有效处置,消除对孩子的不良影响。

体质健康管理

每天锻炼一小时,健康生活一辈子。小学生的家庭要注重体育兴趣化，初中生的家庭要注重体育多样化，高中生的家庭要注重体育专项化。每写半日的作业，中途要安排孩子进行体育活动，活动时间不少于 30 分钟。加强学生近视防控工作，每天上午、下午各做 1 次眼保健操，全面提高孩子身心健康水平。

愿大家一起努力做好"五项管理"，让孩子们的暑假缤纷多彩！

"青春仪式·致女儿书"：愿你懂得……

亲爱的孩子，从今天起，你将告别童年的花园，告别幼稚和任性，步入青春的殿堂。

爸爸妈妈心中的万语千言，愿你懂得。

愿你懂得，懂得感恩

感恩给你生命、养你长大的父母、亲人，感恩教你知识、陪你成长的老师、同学，感恩在你遇到困难时给你鼓励、热心助你的所有朋友，感恩你正处于的这个美好的时代，以及这样伟大的国度。

当你心存感恩时，你会觉得生活充满阳光，未来充满希望。

愿你懂得，懂得自省

哲学家尼采说："每一个不曾起舞的日子，都是对生命的辜负。"

在今天这个特别的日子里，请抽一点时间，静静地想一想：已逝的十多年光阴里，有多少已被轻易地浪费？在未来每一个宝贵的日子里，你又将如何让时光增值？

亲爱的孩子，愿你懂得：拼搏的汗水，才最闪光！奋斗的青春，才最美丽！愿你日日自省，日有所进！

愿你时刻提醒自己：今天，你所学习的厚度就是你以后人生的高度！人生没有白走的路，每一步都算数！

愿你懂得，懂得坚强

人生如同走过四季，总会遇见风风雨雨；人生如同攀登高山，总会遇见坎坎坷坷。但无论是风风雨雨，还是坎坎坷坷，都是人生路上遇见的美丽风景。

风雨可炼人，坎坷长见识。请坚信：没有哪场风雨不会停止，没有什么坎坷无法越过！无论遇见怎样的风雨坎坷，都不要轻言放弃！

愿你懂得，懂得修心

你须明白：生活如人饮水，冷暖自知。你须明白：改变自己是神，改变别人是神经病。你亦须做到：拥有不伤人的修养，亦有不被伤的气场。

叔本华说："人虽然能做他想做的，但不能要他想要的。"我们无法控制行动的结果，但可以控制行动的过程。对于每个生命而言，真正的意义不是我们得到了什么，而是我们做了什么。愿你有接受一切的勇气，亦有敢于改变自己的志气。

要想获得幸福必须拥有一个好心态，心态好，自然看什么都美好。心中有清秀山水，眼中自然皆是风景无限。

愿你懂得，懂得给予

给予不是为了得到，不要活在功利里。努力做一个有用的人，对国家、对社会、对他人有用的人。

你要懂得：能快乐地给予别人，是自我价值的一种体现。不要习惯索取，要靠自己获得，并能慷慨给予。这是自我能力的一种体现。

努力让自己活成一束光，但千万不要熄灭别人的灯，大家都活成一束光，这世界才会星光灿烂、美丽璀璨！

愿你所到之处，遍地阳光。

愿你懂得，懂得奋斗

你不能决定太阳几点升起，却能决定自己几点起床；你不能改变别人，却可以改变自己。奋斗的青春最美丽！再好的计划，只有变成行动，计划才不是空话！

"这个世界不存在无拘无束的自由，每个人的行为不仅受着外界的强迫，而且还要适应内心的必然。"这是爱因斯坦《我的世界观》中的观点。

有时候，学习并不是那么特别令人享受，甚至还相当地辛苦，但学习却是通往成功的必由之路。理解这一点，你会更加深刻地理解奋斗的意义！

愿你懂得，懂得担当

茨威格在《人类群星闪耀时》中写道："一个人生命中最大的幸运，莫过于在他的青春年华发现了自己的使命。"以独立之志，做合群之事，用思想和良心去学会担当。

愿你用实际行动，用百倍努力，去回报这个时代，唯有把握好青春时光，未来才能无悔无憾！

愿你懂得，懂得珍惜

懂得珍惜，珍惜今天的幸福生活。迈入青春的你，要对党无限感激，对祖国无比热爱，这真不是唱高调，而是作为一个黄皮肤的中国人应有的感恩之心，应该拥有的家国情怀。

这是妈妈最近学百年党史后越来越深刻的体会。你也终将明白。

愿你懂得珍惜跟家人在一起的每一天，因为我们多年以后会常常忆起这些时光，并成为彼此的精神慰藉。

愿你懂得珍惜美好的青春，懂得珍爱宝贵的生命！你须明白：青春不可逆！生命不可逆！时光最宝贵！健康最重要！

愿你懂得，懂得独立

愿你懂得分离是人生永恒的主题，爸爸妈妈终将老去，总有一天，你需要独自面对生活的风风雨雨。

永远记住：自己才是人生的领导者，而不是别人。从你踏进青春之门的那一刻，你就步入了青春的殿堂。愿你懂得：青春是勤劳的季节，青春是播种的季节，青春是耕耘，青春是拼搏，青春正好，青春真好！

愿你激扬青春，逐梦远航；愿你青春无悔，岁月无憾；愿你人生辽阔，幸福平安。

最后，妈妈还要告诉你一个秘密：前两天，带着你从医院看病回来，坐在电瓶车上的你突然冒出一句："妈妈，我可能是上辈子拯救了宇宙，才遇见了你这么好的妈妈。"

那一刻，妈妈的心被触动了。然后，眼眶湿润了。

妈妈要轻轻地告诉你：天下的妈妈都是一样的！爸爸也不例外！

暑假：愉快地"读"，欢乐地"写"

暑假就要到来。我建议亲爱的孩子们每天都能愉快地"读"，欢乐地"写"。让自己的视界，越来越辽阔；让自己的胸怀，越来越宽广；让自己的情感，越来越丰富。

愉快地"读"

1. 在书房里愉快地"读"

在这里，每天必须持续静心地读，不得少于1小时。

强调：持续、静心、思考。

2. 在书城里愉快地"读"

每周至少两次。

强调：安静、博览、思考。

3. 在优质节目里愉快地"读"

每周两至三次。

强调：安静、投入、笔记、思考。

4. 在与他人交谈时愉快地"读"

一定要与别人交流,尤其要主动与有趣的人、阳光的人、读书多的人、修养好的人交流。

强调:倾听、交流、思考。

5. 在大街小巷里愉快地"读"

比如,穿过一条条悠长的青石板铺成的小巷,会惊喜地发现,巷头巷尾都有好多很有文化气质的文字!停下脚步,静心读读这些文字,就会随着文字,穿越时空。

强调、静心、投入、思考。

每一处的阅读,我都加上了"思考"二字,这是表面阅读走向深度阅读的重要标志!

欢乐地"写"

欢乐地创作,这是一个多么美好的境界!讲求的是创作的快乐、轻松、自信;而不是"榨文"的痛苦、沉重、自卑。

每个人都可以成为作家。那么,何时可欢乐地写呢?

1. 脑中闪过思想火花时,欢乐地"写"

随时记录下自己的思想碎片。不要小瞧它们,虽然,只是只言片语,但却价值无限,智慧迷人。好多作家都有随时"欢乐地写"的习惯。因为众多思想的浪花,最终才得以汇聚成一片深邃的海洋。

无论何时,都做一个有心之人。在我们接触新的思想、新的言论,哪怕是一则广告语时,一定要及时记录下来,随时拿出来反复揣摩学习。

2. 无聊孤独寂寞时，欢乐地"写"

暑假里，难免会有孤独寂寞无聊的时光，这个时光，你是怎么度过的？看电视？玩手机？打游戏？倘若，假期大部分时间都这么做，你会不会有一种深重的罪恶感？因为，这种浪费大把光阴的事情，就是"谋财害命"！不如提起笔，与真实的自己进行一次深刻的对话，记录自己思想的历程、生活的故事、内心的想法。

3. 心海微澜抑或有强烈感受时，欢乐地"写"

在时光长河中的某一个瞬间，我们总会有快乐、痛苦、兴奋、忧伤、自豪、得意、意外等，这时我们的心里总会泛起情感微澜，甚至会涌起无比强烈的感受。这时就可以欢乐地"写"。这时的写作，思绪会源源不断，我们会享受诉之笔端的酣畅淋漓。写作一定是最好的诉求方式。

欢乐地"写"作，是关键之关键。因为，没有什么，敌得过兴趣。

最后，欢乐地"写"，不只是笑着写快乐的时光，也可以哭着写悲伤的时光。它是一种写作的情绪、写作的自由、写作的自觉。直白一点讲，就是愿意写、喜欢写、不怕写、享受写。

从此刻开始，愉快地"读"，欢乐地"写"吧！

亲爱的孩子，人生需要一辈子心平气和地去奋斗

人生，需要一辈子心平气和地去奋斗。任何时候，只要你不放弃自己，人生就会有机会。

心平气和地"看待考试成绩"

亲爱的孩子，考试之前我们当全力以赴，考出最好的水平。交卷之后，我们当心平气和地等待接受，无论是理想的还是糟糕的成绩。

学会接受，学会面对，是我们成长路上极为重要的生存能力；学会反思，学会计划，付诸行动，才是不断成长的正确方向。分数，十分重要，但绝不是唯一；成长，尤其是健康地成长，才是生命的最大意义。

无论怎样，每天看到清晨的第一缕阳光，每天看到夜空中的点点繁星，都是一件无比珍贵而美好的事。心平气和地去看待考试成绩，冷静分析自身不足，这才是一场考试的意义所在。

心平气和地"学习+运动"

学习自然重要,运动也必不可少。经历过新型冠状病毒感染疫情,相信大家都会意识到增强体质的重要性。

因此,趁着假期去打开大自然多彩的课本,清晨或是午后,抑或是夕阳西下,每天至少用一小时的时光,与自然相拥,把心交给自然,听听花语与云语,听听水声与鸟鸣,仰望蓝天深呼吸,每天行走一万步。

无论何时,都请记住,健康比任何东西都重要。要想拥有明亮的眼睛,就要天天看看绿色的世界;要想拥有健康的身体,必须呼吸新鲜的空气。只有拥有健康的身体,才有"资本"去奋斗,才能拥有美好的未来。

心平气和地"与书城相拥"

我们自然可以在家中的书房阅读,但致敬假期更美的方式,应是去打开书城多彩的书籍,家中书房藏书再多,也不会超越书城的藏书,家中每月买书再多,也无法像书城一样,永远走在文化的前沿,永远散发着时尚的气息。

每日坐拥书城一小时,时光也会散发芬芳的书香。

书城,拥有延展生命的精神财富;书城,拥有让你生长思想、穿越古今、了解世界的文字魔方。

心平气和地"与音乐邂逅"

音乐真是个好东西,有时,她是你的知音;有时,她是你的解药;有时,她拨动你的心弦;有时,她燃烧你的卡路里;更有时,她让你相遇灵感。

独处时，聆听音乐，让你感到不孤单；跑步时，聆听音乐，让你跑得更律动。听懂音乐的语言，人生便会如歌一般美好。

心平气和地"每日冥想"

每日冥想十分钟，在清晨醒来的时候，在午间休息的时候，或在夜晚对着星空的时候，冥想未来的人生。有梦想的人生，才会拥有激情奔跑的状态。冥想每日的计划，反思自己的执行力，努力成为一个自律的人。

冥想周围的朋友，常怀感恩之心，感恩他们困难时温暖的相助。冥想自己的不足，永远好好学习，学习别人身上闪闪发光的优点。冥想往日的时光，因为，回忆是人生最宝贵的财富。将财富温暖收藏，及时整理人生的行囊。

心平气和地"笔记人生"

笔记，是通往记忆深处的桥。每一个平凡的日子，都要养成自由记笔记的习惯。笔记，可以延长或恒久自己的记忆，是对稍纵即逝的灵感最为牢固的捕捉。笔记，是平淡日子里的光，让我们看见自己、看见过去、看见未来。

笔记是指尖的艺术，在笔记的字里行间，有流动的色彩、有凝固的字迹、有停驻的脚步、有飞扬的神思。其美好难以言喻，其宁静无以形容。

多年以后，你会发现每一个平凡的日子，都会因你的文字记录而"闪闪发光"。

亲爱的孩子，人生，需要一辈子心平气和地奋斗。永远不放弃自己，让每一个今天都美好无限！

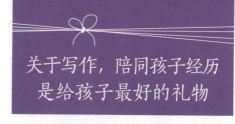

关于写作，陪同孩子经历是给孩子最好的礼物

最近，跟家长和孩子们聊天，聊的话题都是"写作"。我进行了以下梳理和思考。

陪同孩子经历，是给孩子最好的礼物

与一家长闲聊，家长十分头疼地说："孩子写中秋节赏月的文章，榨了半天，都榨不出来，气死我了！"

我问："你家赏月了吗？"他答："赏了啊！"我问："如何赏的？"他答："不就这么看看！"

哈哈，我说："那你说说，如果让你写你如何写？"家长朝我瞪了瞪眼，然后呆笑起来。

我说："这样，今天虽然已过中秋，但依然可以赏月。你给家里营造一个氛围，一起品尝月饼，一起聊聊关于月亮的传说，一起对对关于月亮的诗词，一起与远方的亲人来个视频，一起回看一下中秋晚会……然后再让孩子写写看。"

回家后，他果然这么做了。第二天，得意地将孩子写的文章

拍给我看，乖乖，洋洋洒洒700多字，非常出色哦！

我说："在写作的旅途中，陪同孩子经历，是给孩子最好的礼物！"

唯有在语言实践中，才能提高言语表达能力

又一家长遇到我，十分苦恼地对我说："老徐啊，我家小孩读的书不少，就是不会用。"

我说："你指导他用了吗？"他说："我怎么指导他用啊？"

我给他举了一个例子："比如你与孩子共读时，在书中遇到了一处精彩的环境渲染，那么你就引导孩子进行一次环境渲染的语言实践；遇到了典型的正面描写和侧面描写，那么你就让孩子说说如何运用这种方法构思一篇文章……"

聊了很多，也聊了很久，然后他眼睛一亮，立马领悟："唯有在语言实践中，才能提高言语表达能力。"

你要成为你自己

一位学生十分不解地问我："徐老师，这次考试写作《变形计》，我模仿了班上一位优秀同学的文章，可是却被扣了好多分，那位同学却得了很高的分数，你说，老师是不是有点偏心啊？"

我笑了笑说："老师一点儿也不偏心！老师有一双慧眼！"

我继续说道："写作，是一件有'个性'的事儿，人家要变形的东西，不一定是你要变形的东西；即便要变形的东西一样，要变形的理由也不一样。写作没有自我，如何能够得到高分？"

这个小家伙是个体育健将，最近看了电影《夺冠》，他若有

所悟道:"难怪郎平跟朱婷说,你要成为你自己!"

于是,他回去重新写了一篇《变形计》,他想变成一只足球,一只能在世界杯赛场"驰骋"的足球,个性飞扬,气概十足。

动心动情,是文章的最高境界,情未动,辞自然难以发出。

好的文章,
是在读者面前呈现出一幅幅画面

偶遇一位朋友,他对我说:"老徐啊,孩子上四年级了,作文就写300字。"我说,你回头发几篇给我看看,他发来后,我一看就说:"问题找到了。"

"比如:你家小孩眼中的花永远是红的,其实,花可以有生命、会说话、有表情、善舞蹈、有感情的啊!再比如:你家小孩笔下的人说话都好直接哦!都是某某说之类的,其实,人说话时脸上是有表情的,眼神是有情绪的,语气是有温度的,身体是有动作的,内心是有感受的啊!这些,孩子文章里都没有,你让孩子试着再写一写。"果然,小朋友写出了一篇400多字的文章。

什么是好的文章?好的文章,是在读者面前呈现出一幅幅画面的文章。

我给女儿上的一节生活哲学课

课堂要点

"别让你的表情,影响我的心情。"

你的心情由谁决定?我们凭什么干涉别人的表情?我们尽量拥有什么样的表情?

课堂源起

"别让你的表情,影响我的心情。"

早晨起床,我正愁眉苦脸地想着一个问题,源子看见我这副表情,说:"别让你的表情,影响我的心情。"

我心头一怔,对呀,一大早的,我的表情影响了孩子的心情,确实不妥。立马"满脸堆笑",源子乐了。

课堂开启

思辨1:你的心情由谁决定?

源子的那句"别让你的表情,影响我的心情"在我耳边盘旋。

哎呀，不对呀！我把源子拉到身边，问："'你的心情'取决于'我的表情'？""'你的心情'是由'别人的表情'决定的？"

小家伙一愣，然后笑了。

"哈哈，这太没有自我了吧？杨绛先生不是说：'世界是自己的，与他人无关吗？''你的表情影响不了我的心情'才是有自我，才是自我内心的强大。"

思辨2：你凭什么干涉别人的表情？

我继续与源子交流："我们思考问题时，要学会站在别人的角度去思考。"

"人家今天肚子疼，还得笑？太没有同情心了吧。人家今天被批评，也得笑？有点蛮不讲理哦。人家今天考得糟糕，也得笑？怎么笑得出来？人家800米跑不了，也得笑？人家哭还来不及呢……"

我说了一大串，源子笑个不停。

我说："人家愿意什么表情，就是什么表情，你凭什么干涉别人的表情？每个人都有喜怒哀乐的权利，每个人都可以拥有丰富的表情。"

"我们不干涉别人的表情，是对人性的一种起码的尊重。"

课堂小结

我们的表情，应尽量带给别人好心情，这应该是我们的"表情自觉"。别人的表情，不能影响我的心情，这是我们内在的心理强大。

不干涉别人的表情，这是对人性起码的尊重。

课后思考

思辨3：我们尽量有怎样的表情呢？

我们尽量有怎样的表情呢？尽量地微笑吧，带给别人好心情。尽量地微笑吧，不管他人是什么表情。尽量地微笑吧，理解他人的各种表情。

微笑，让一切云淡风轻。

居家学习,这"九条",最重要

一
提供安静的环境

开始学习,就安静下来,不走动,不说话,家人最好也不要在这个时段做家务,当然实在要做,轻一点,也是可以的。虽说,要学会"闹中取静",但是,能静还是静下来好,心定,心安,心才能专。

二
家庭是"学校",家长是"校长"

都说家庭是孩子的第一所学校,父母是孩子的第一任老师。现在,家长们展示的机会来了,你们不仅是"老师",还是家庭这所"学校"的"校长",现在就看看你这个"校长",能不能管好这个学生,注意,"管"可是一门艺术哦!要抓好校风、教风、学风哦!

三
提升对课表的执行力

学校已经提供了作息时间表、学习课程安排表，那么家长就要让孩子认真执行，不要让孩子太随意，听这门课时做那门课，该运动时摸手机，甚至还在床上听课。

四
减少唠叨的干扰

孩子在听课学习时家长不要在旁边唠叨，让孩子反感、烦躁，从而产生负面的学习情绪，根据我的实战经历，唠叨未必效果好。

五
该下课时就下课

该下课时就下课，不要拖课，老师布置了多少作业就做多少作业，不要随意增加，让孩子觉得作业永远做不完，增加孩子的作业负担。

六
统一使用学校指定学习视频

在家上学，其实就是将在学校的课堂学习改成了在线学习，一个学校一个年级的学习内容应是相对统一的，都是根据教育局文件精神安排的，只有大家统一，才能整体控制好各学科的学习进度，跟着"大部队"，方向不会错。

七
公众号那么多，我该选用哪一个

现在，免费学习的公众号及授课视频满网络在"飞"。看得大家眼花缭乱，不知如何取舍。觉得这个也好，那个也好。让孩子一会儿用这个，一会儿用那个。这样的后果就是，孩子和家长都鸡飞狗跳，学习毫无章法，更无系统可言。所以，不要看到一个公众号或是一个免费的视频课就随意让孩子学习。

教育，是特别专业的事儿，听上级文件精神最重要，遵循各学科的课程标准最重要，把课本知识学扎实，再灵活运用更重要，不能用大量精力遨游在网络资源的海洋里。

那样的结果只有一个，迷失方向。

八
保护视力放首位

在家学习，很多时候依靠网络在线学习，尽量用电脑，少用手机。学完一堂课，要让眼睛休息，要向远方眺望。眼保健操也要做。

九
乐观的情绪，也是抗病毒的良药

在网络学习的过程中可能会遇到断网、卡顿、死机的现象，这个时候，就是考验你有没有乐观能力的时刻。

注意，不要怪电脑，它实在太无辜；也不要怪学校，老师有时也烦恼。非常时期，没有什么比健康更重要。

要知道，乐观的情绪也是抗击病毒的良药。

与刚入初中阶段的孩子和家长们共勉

过去的一周,孩子们刚刚经过初中的第一次月考。很多家长、孩子正在面对着美好期待与残酷现实的强烈反差。考得好的孩子们,祝贺你,因为你们首战告捷;考得不理想的孩子们,我也要祝贺你,因为你迈进了人生最珍贵的大学,它的名字叫挫折。在挫折这所大学里,我们要学会坚强面对失败;在这所大学里,我们更要学会总结失败教训。孩子们,如果想赢,先要不怕输。每一次遇到的问题,都是未来成长的希望。一切的挫折,都要化作激励自己向上的力量。未来的某一天,当我们从"挫折"这所大学毕业的时候,便是我们收获成功的时候。我坚信,这一天,终将到来。

为了孩子的明天更美好,下面我想与各位家长、各位同学共勉"六个一"。

一个身份:合伙人

无论你从事何种行业,做着何种工作,当你的孩子走进初中的那一刻,大家都有一个共同的身份,那就是担任学校、老师的合伙人。我们必须彼此信任，共同努力，才能合伙将孩子教育好，才能合伙将自己的孩子培养成才。

一种情感：感恩

对于学校，对于老师，我认为作为家长的我们，只需一种情感就已足够，那就是感恩。

感恩学校为孩子们安排了一次令他们终生难忘的军训，感恩学校策划的丰富多彩的活动，感恩学校为孩子们安排的科学合理的学习时段。

我们更要感恩亲爱的老师们！亲爱的家长朋友们，当看到那一叠厚厚的批改得认真的练习卷时，我们有什么理由不去感恩老师？当我们午间在安心休息的时候，可曾想到是亲爱的老师们，放弃了自己午休的时间，在陪伴着我们的孩子。我们有什么理由不感恩？当我们的孩子成绩不理想时，老师比我们还要着急。

一个行动：配合

教育好自己的孩子，是我们家长重要的事业。因此，无论是学校活动，还是班级活动；无论是语、数、英老师，还是政、史、地、生、音、体、美老师，只要布置了相关要求，我们要尽力配合。这是我们必须拥有的态度。我们配合，老师才能欣慰；我们配合，孩子才能进步。

一种精神：女排精神

2019年第13届女排世界杯，中国女排战胜了最后一个对手阿根廷队，豪取十一连胜，赢得了第十个世界大赛冠军，刷爆微信朋友圈，这是中国女排送给中华人民共和国70华诞最好的礼物。我们在致敬中国女排的时候，更加要学习女排精神，学习女排姑娘们逆流而上、勤学苦练、刻苦钻研的精神，学习女排姑娘们顽强拼搏、同甘共苦、勇攀高峰的精神，更要学习女排姑娘们无论何时都永不放弃的精神。家长朋友们，如果将每一学期看作是一场比赛，那么，这次月考就是这场比赛的第一局，3∶0，固然是好；但3∶2，却也精彩。如果把初中阶段看成是一次世界杯，那么每一学期都将进行一场比赛，每场比赛都将是挑战重重。"女排精神"的最大意义，就是在关键时刻告诉我们一声："我能！"希望我们的孩子都能拥有女排精神，在未来的学习中，场场获胜，交上如同女排战绩一样辉煌的答卷！

一种心境：平和

生活将我们磨圆，是为了让我们滚得更远。面对孩子起起伏伏的成绩，作为家长的我们更需要修炼自己平和的心态。人生总有起伏，如同山路有平坦也有坎坷；人生总会遇到挫折，如同天气有晴天，也有风雨；人生总有胜败，如同味道，有酸甜，也有苦辣。正如苏轼《定风波》中所写："莫听穿林打叶声，何妨吟啸且徐行。"我们应该不停地与自己和解。面对孩子的失败，我们不能一骂而过，我们应陪他们一起度过。希望若干年以后，当我们回首陪伴孩子走过的坎坷泥泞人生之路时，我们可以没有遗憾地说："孩子，我们曾经陪你走过。"

一份笃定：明天会更好

亲爱的家长朋友们，刚进入初中一个月的孩子，是没有定型的，是充满变化的，是有多种可能性的。为了孩子的明天更美好，让我们努力成为学校、老师的优秀合伙人，心存感恩，积极配合老师，学习女排精神，以平和的心境陪伴孩子成长的每一天。

亲爱的孩子们，现在学习不吃苦，将来生活必吃苦。也请珍惜父母、老师对你的唠叨，因为那是这个世界最爱你的人，对你最有温度、最为长情的告白。请永远心存感恩。让我们一起，心手相牵，拥抱美好！

『育』见可能

——教育,通往可能性王国的美丽邀请

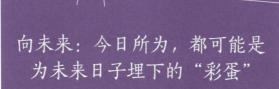

向未来：今日所为，都可能是为未来日子埋下的"彩蛋"

元旦假期，给孩子整理试卷，各门学科都是厚厚的一叠资料，有的资料已是残缺不全，我说："算了吧，又不一定考到那一张。"孩子说："不行，万一考到呢？"哈哈，我的想法是"侥幸"，孩子的想法是"不怕一万，就怕万一"。

事实上，有时候，考的就是那个"万一"。即便这次不考，或许在未来的某个时刻就会考到它。谁又能说得准呢？

于是，我的脑子里就冒出了这个小文的题目：今日所为，都可能是为未来的日子埋下的"彩蛋"。

未来的每个日子，要努力让自己在每天夜里睡觉时都比当天早晨聪明一点点。这在于每日可为与每日所为。

今日可为——高质量阅读

你读过的书，经历的事，构成了你。读书确定着我们在"知识链"上的位置。而我们在知识链上的位置，常常会影响到我们在食物链上的位置，这可能就是我们读书的意义。

读"娱乐小说"，是关注自我的阅读；读"经典小说"，是关注周边的阅读；读"史哲书籍"，是关注社会的阅读；读"思想之书"，是关注人性的阅读。形成自己思想体系的读书，才是身心自由的阅读。

思想的种子，有着无穷的力量，它能带我们走向远方，并在走向远方的旅途中收获"彩蛋"。

今日可为——培养自己的"新兴趣"

俞敏洪在新东方遭遇"寒冬"之后，干起了直播带货；"张同学"多次创业失败，如今短视频搞得风生水起……

一个人必须不断发掘自己的新兴趣，人生才能不断进步。多学一门课程，就是给未来加道保险。你的时间花在哪儿，人生的花就会开在哪儿。我们把门打开一条"缝"，"光"就会涌进来。

今日可为——行就行，不行就"拐弯"

罗振宇的 2022 跨年演讲，因为疫情的原因，12 000 个座位，全都空着，接到这个消息，是在开讲前 90 个小时。罗振宇说："行就行。不行我再想想办法。"于是，开场出现这样空前的美好意象：一张琴，两个人，待知音。

人生中的每一天都会遇到这样那样的事情，怎能事事通达？我们所能做到的就是想不通的就放下，过不去的就转弯。累了就睡觉，醒了就微笑。

不管你经历了什么，请相信：长夜的尽头，一定是黎明。好事坏事，终将成为往事。请相信：一朵花的凋零，荒芜不了整个春天。每一场雨后不一定都有彩虹，但一定会有晴天。

今日所为——须为真善美

今日所为，须为真善美之事，明天才会有"彩蛋"之惊喜。反之，则相反。

心里装着"小星星"，生活才会"亮晶晶"。心中装着对生活的热爱，对美好未来的相信，未来的日子便会"彩蛋"不断。

每个人都可以成为生命中的"super star"

寒冷的夜,读着"2021年终提问"的四位时代前行者云南丽江华坪女子高级中学校长张桂梅、国家传染病医学中心主任张文宏、田径运动员苏炳添、中国科学院国家空间科学中心主任王赤写给网友们的回信,我的心里亮起了一盏盏"灯",随着"灯光"而来的,是无尽的温暖与满满的能量。

人生的"支点",可以不止一个

张桂梅老师在经历了人生的至暗时刻之后,她感受不到生命之中还有什么美好的地方。

于是,她将自己"流放"了。她来到了丽江华坪。

张老师说,在挫折面前她也没那么坚强,她只是努力让自己再多挣扎一下,是人世间的温暖,让她坚持了下来。她找到了人生的新"支点"——把孩子们带出大山。她拥有了人生新的目标、新的"支点"。

人生的目标就像一座高山,需要长久地攀登。这登山的过程中，放弃和认命，是一条没有尽头的"下坡路"。我们唯一能做的，就是每天努力向上攀登。爬着爬着，就能走过黑暗的路，拨云见日。只要拥有人生的目标，然后开始思考，开始行动，就会走上一条虽然不易但充满希望的路途。永远相信：人生的"寒冬"里，带着必然的希望。

永不放弃"探索自己"的无限可能

在人生的"赛道"上，必然有竞争与淘汰。"飞人"苏炳添的体验尤其深刻。

28岁通常是短跑运动员考虑退役的年纪。他也打算在2017年天津全运会以国内最高领奖台为终点，结束自己的职业生涯。然而，人生就是这样，不确定性永远存在。全运会决赛前，他意外拉伤了右大腿后肌，与金牌失之交臂。

然而，正是这次失败，留下的巨大遗憾，重新点燃了他的斗志。

他遇到了人生中重要的人——他的主管教练兰迪·亨廷顿。兰迪和他的团队在技术上给予了苏炳添巨大的帮助，更是从心态上帮助苏炳添建立了强大的信念：完全有进入奥运会百米"飞人"决赛的潜能。

这次珍贵的遇见，让他拥有了全新的突破。2018年6月，他跑出了9′91″的成绩。这一年，他29岁。他的儿子天天与他的新纪录几乎同时降生。他说："我要用自己的努力给儿子树立最好的榜样。"他要告诉儿子：只要信念不灭，这个世界上，从来就没有什么不可打破的年龄"魔咒"。2021年8月1日，东京奥运会的赛场上，他跑出了自己的最好成绩9′83″，震惊全世界。

他赢了对手，赢了时间，赢了自己。

不给自己设限，永不放弃"探索自己"的无限可能，勇敢追梦，每一个人都可以"飞"起来。

"人生路口"的选择，
有时需要"时间"，才能看见意义

人生就是这样，充满着很多的不确定性。在突如其来的不确定性面前，我们都要为自己的人生做出自己的选择。张文宏医生就是如此。在他刚毕业的时候，学历比上海户口更重要，于是他选择放弃了户口，转而去读硕士；在他硕士毕业的时候，突然户口变得更重要了，为了能在上海生活更美好，他放弃了读博，进入了当时不怎么"吃香"的感染科。为了生存，他似乎暂时忘记了曾经的理想，甚至向导师翁心华教授提出了辞职。导师让他再考虑一下。然而，就是这一犹豫，他又坚持了下来。

二十多年之后的今天，他回首过去的每一次"人生路口"的选择，才发现，这些选择都被证明是正确的，有意义的。很多不确定的选择，在真正去经历之后，才拥有了确定性的结果。

寻寻常常的日子，点点滴滴的细节，构成了一种值得一过的生活。无论你是前浪，还是后浪，都注定要与时代共成长。只要我们永不放弃，就会随着时代的潮水不断向前。

"人生路口"的选择，有时需要"时间"，才能看见意义。

与孤独共处，
是成功的必由之路

当看到别人成功时，我们总是无比羡慕，却没有看见他所历经的孤独。

与孤独共处，是成功的必由之路。

王赤是一名空间物理学家。在近30年的空间科学研究过程中，最常陪伴他的，就是孤独。他说，实现理想就是孤独中的那束光，让人觉得永远有希望。一个人想做成一件事，孤独是难以避免的。无论是他在美国求学，还是他放弃美国优厚待遇，选择回国从零起步研究空间科学，孤独无时不在。但他都努力克服了。他总结了克服孤独的三个经验：一是接纳"孤独"，认识到孤独不可避免；二是学会与"孤独"共处，并借此认清自己内心真正想要的东西；三是在孤独中朝着梦想笃定前行，而这一定会得到越来越多人的理解与支持。要坚定地相信，上天送给自己的孤独时刻，是和自己对话的最好机会。与孤独共成长，我们就能找到属于自己的那一束光。

四封信都在启迪我们：每个人都可以成为生命中的"super star"。

我们一起努力，用全新的自己迎接崭新的一年。

所谓美好，即为平凡的当下

感恩上苍，
赐予我平凡

感恩上苍，赐予我平凡。淡泊明志，宁静致远。

别老想着太远的将来，只要鼓励自己过好今天就可以了。很多东西，根本不值得占有你的情绪。人生就是一场场体验，有想法，便去体验。尝遍各种味道，收获别样惊喜。

听从内心，
来一场"说骑就骑"的旅行

人间四月天，春和景明。

上周五，我本打算坐公交车去上班。也不知咋的，心中突然就冒出了一个想法：不如试试开电瓶车去上班。不过，开电瓶车的想法在我的脑中徘徊了许久，送完源子后，电瓶车开着开着，就开过了公交车站。

其实，我的心中是渴望开电瓶车去上班的。听从内心吧。来一场"说骑就骑"的旅行吧。

"春风"吻上我的脸

对于从未实践的事情,总有一种新鲜感。心里还有点抑制不住的小激动。

从如皋开电瓶车去丁堰,是不是很多上班的人都没有想过?觉得挺远。我又何尝不是?我上班有三种途径:开车、坐公交车、搭便车,原来根本没想过能开电瓶车,觉得那不是开玩笑吗?

事实上,当你真正去做这件事的时候,才发现是"畏惧的想法"吓住了我们。在做一件所谓"难事"的时候,最难跨越的是害怕难事的心理。

春风吻上我的脸。一路计算着到每一个特别路标的时间。火车站、新官村、沿河村、万林生态园、鬼头街、海军汽配,每到达一个路标,花6~8分钟,从家到学校,约花40分钟。开汽车须30多分钟,坐公交车从家到候车到学校须需40多分钟,骑电瓶车的时间并不比坐公交车的时间长。

想起了那个经典的《小马过河》的故事。不实践,怎知结果?

因为"问题",生活"多彩"

很多时候,我们害怕遇到问题。但事实上,问题产生后,在解决问题的过程中,生活才有了多样性。因为多样性,我们的平凡生活才能抵达充满惊喜的可能性王国。

"在路上"的故事

生活水平提高之后,我们是不是忘记了曾经生活的样子?

30多年前,当我还是小孩子的时候,父亲每天五点钟从磨头镇骑自行车两三个小时,到如皋肉联厂上班。傍晚,他再骑两三个小时从如皋返回。无论春夏秋冬,无论风霜雨雪。

　　10年之前,家里还没买汽车。每次节假日去车马湖老家,我也是骑电瓶车开"长途"。当时担心源子坐在后面打瞌睡,就让她站在踏板上。我装着很辛苦地说:"妈妈开车开累了。"小家伙情商很高,就说:"妈妈,我来帮你开吧。"于是,小家伙用她的小手使劲加足油门,体验到了满满的成就感。一路上,我们一起讲故事、背诗文,不知不觉就到了车马湖老家。只怪路程太短。

　　1997年,刚买摩托车那会儿,我曾骑着我的"大阳100",带着母亲从如皋开到通州区,去看望她的朋友。那时候,再远的路,都未曾嫌过远。

　　如今,并不远的路,却一直想着有点儿远,不曾想过开电瓶车上班。不知这是生活水平的进步,还是思想、干事魄力的退步?

> 心中若有桃花源,
> 　何处不是水云间

　　所有经历,皆是财富。感谢上帝,赐我平凡。云淡风轻,随遇而安。

　　18年前的今天,我跟曹老师,成了"我们",然后,有了源子,成了"我们仨"。心中若有桃花源,何处不是水云间?所以,孩子取名为"源"。

　　对于寻常百姓而言,所谓美好,即为平凡的当下。心中若无烦心事,便是人生好时节。握紧手中的平凡,此心此生就无憾。

时光从来不语，却回答了所有问题

我们在"记录时光"的时候，事实上却是让"时光记住了我们"。

每周五，我都会跟六年级的老师们聊一聊。每次我也总在思考聊些什么。

记录一下今天的主题：世间最大的"监狱"是什么？是"思想的监狱"。

当自己的想法钻进了一个死胡同，不懂得去改变一下时，那迎接自己的，一定是无边的黑暗。

倘若，懂得换一种思维方式，驱散藏在心里的魔，就能走出死胡同，拥抱又一场春暖花开。比如做一件事情时，最大的"监狱"不是"你不行"，而是"你总感觉你不行"。因为"你总感觉你不行"，所以一个芝麻大的困难，也会被你放大成泰山那么大。

所以，不必花费时间去想"自己行不行"，而要坚信"自己一定行"。即便这次不行，那下次一定行。即便下次不行，那下下次一定行。永不放弃，最终一定会行！没有命中注定的结局，只有不够努力的过程。这世上没有真正的绝望，只有被思想困住的"囚徒"。一个人的平庸，往往源自思想的故步自封。当一个人太固执地坚持陈旧观念时，其实就是主动拒绝了自己的成长与进步。

如果你喜欢一匹马，不要试图去追它。你应该认真去种草，等到绿草茵茵之时，会有一群骏马飞奔而来，任你挑选。

提升自己，比仰望别人更有意义。丰富自己比取悦他人更有力量。因为，只有当你拥有了自身的价值之后，你的人格力量才会不断提升，你才能拥有一个磁场，吸引更多的朋友，你的精神世界也会因此而变得富有起来。

很多时候，"物的世界"并不重要，"心的世界"才最重要。这需要日复一日的经历才能慢慢体会。我们在记录时光的时候，同时也在时光中领悟了真理。

时光从来不语，却回答了所有问题。只不过，她给每一个人的答案是不一样的。

成为"更好版本"的自己：
永远热爱生活，永远兴致盎然

永远热爱生活，永远兴致盎然

夜空的繁星闪耀着光芒，苍茫的宇宙中有万物在生长。生命就如同这宇宙一样，变幻无常，谁也无法预知未来。生活的魔力就在于它的这种不确定性和美好的可能性。但可以肯定的是，太阳每天都会提供新鲜的光芒。

永远热爱生活，永远兴致盎然，是我们行走在人生旅途中最美的表情。

探索自己，建设自己

我们喜怒哀乐的根源在于自己的内心。所有的痛苦、焦虑与不满，都是我们内心对外在事物折射的结果。当我们"建设"了自己的强大内心之后，便能笑看风云、宠辱不惊，便能行至水穷，坐看云起。

人生，是一段长跑，而非短跑。起跑忌冲刺。起跑的速度超越了别人，但却缺少了加速的能力，不能"一路生花"。起跑时不用尽全力,而是时时蓄力,在可以加速的关键时机,发力加速,便能一路繁花似锦。

每一天,我们都在人生的跑道上向前奔跑,但并不是直线式前进,人生总会遇到坎坷,遇到曲折。遇到坎坷曲折,应咬紧牙关,努力通过;实在非能力所能及,转弯也是一种智慧。

但可以肯定的是,这些人生的节点,都是成长的关键,都是对自己的探索发现,都是对自己的重新建设,都是人生路上成长的突破点,更是人生进阶的新起点。

成为"更好版本"的自己

平凡日子,亦能趣味盎然。能在细粒微毫间领略到人生的趣味,才是生活,而不仅是活着。

生活本庸常,它的味道和色调,全靠自己调。生活中一些微愿望的实现,是小惊喜的到来,是人生中的一片艳阳天。

深爱一米以内的人。柴米油盐中,不只有生活的烟火味,更有人世间的人情味。过好自己的生活,拥有选择生活的主动权。经得起风霜,耐得住寻常,永葆内在的生活情趣和积极的人生态度。过好自己的生活,是对自己的最高奖赏。

即便经历风霜,眼里依旧闪烁光芒。让我们一起用自己的努力成为"更好版本"的自己!

做一个"追光"的人
须有源自自我需求的专业成长

做一个"追光"的人,须有源自自我需求的专业成长。

真正的最有意义的专业成长是源自自我需求的专业成长。在空中课堂、网络培训流行的信息时代,只要你愿学、想学,随时随地都是可以学习的。只有专业成长着的教师,他的心中才会幸福满满,才不会感到职业的倦怠。

当一个老师找到了专业发展的方向,就找到了精神生命的出口,就能体验到职业带来的乐趣。这种乐趣,是来自心灵深处的。读专业的书,就是站在大师的肩膀上眺望远方;写专业的文,就是用自己的文字开拓思想疆域;学专业的大师,就是找准了自己职业的朝向,追梦飞翔。

真正优秀的老师,不是打造出来的,而是靠自己生长出来的。专业成长,能让我们听到自己内心的声音。

做一个"追光"的人
须每日高质量地阅读

做一个"追光"的人,须每日高质量地阅读。

阅读对于一个人的精神生活有多重要,听听苏霍姆林斯基如何说。他说:"一个不掌握数学、不会解应用题的人,仍可以生活下去并获得幸福;然而,如果不会阅读,则不能生活,也不会获得幸福。"谁没有掌握阅读的技巧,谁就是一个没有受过教育的人。

阅读对于一个学生的精神成长有多重要,著名儿童作家黄蓓佳这样说:"一个孩子的脚下垫上10本书,表明他已经掌握了通向成人世界的密码;一个孩子的脚下垫上100本书,他就可以和成人一样平等对话;一个孩子的脚下垫上1000本书,他的精神世界就会无比强大!"

我们的身边并不缺少书,而是缺少把书里的思想装进大脑的行动和路径。不爱阅读的人,思想永远行不远。我们须常常自问:我的形象气质里,藏着多少本书?

做一个"追光"的人
须怀揣美丽的梦想

做一个"追光"的人,须怀揣美丽的梦想。黑格尔说:"一个民族有一些仰望星空的人,他们才有希望。"所以,咱们中国人要有中国梦。我们身处一个充满梦想的时代。

教育是最富有梦想色彩的事业，没有梦想的教育，是没有生命力的教育；没有梦想的老师，也难以实现自己的人生价值。教师的教育生涯里只有融入更多人的生命，才能够获得更多的意义与幸福。

让我们一起，做一个"追光"的人。

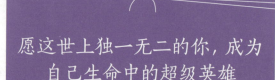

愿这世上独一无二的你，成为自己生命中的超级英雄

转眼，又到了一年的期末考，老师、学生、家长此时的心情，如同春天播种了之后，期待着秋天的收获一样。

平时学习的问题如同长在田间的杂草，有的孩子平时就除掉了，所以"庄稼"长得好；有的孩子平时没除掉，所以"庄稼"长得不如别人；有的孩子不仅除了"杂草"，还加了一些"营养"，长势更是喜人。正应了那句亘古不变的道理：一分耕耘，一分收获。付出多少，收获多少。

但我想说的是，每一学期最好的认真学习时间，是学期初，其次是期末。

8岁女孩马子惠参加2020—2021年度北京市青少年短道速滑联赛第一站，U8组500米四分之一决赛发令枪响后，她刚出发就意外摔倒。马子惠摔倒后，只做了一个动作，重新站起来，继续比赛。

第一圈，马子惠摔倒，虽然反应及时迅速，但是依旧落在了后边，距离其他选手已经有了近百米的距离。

第二圈，马子惠依旧是在最后一名，不过她在努力追赶，一点点地缩小与其他选手的距离。

第三圈，让人激动落泪的时刻，马子惠超越了一个，接着又是一个，直至位居第二名。

第四圈，马子惠超越了所有人，获得了这次比赛的冠军。这场比赛，一个8岁的小女孩用行动诠释了什么叫不放弃，比很多大人都厉害。

这个小姑娘如同一个"行动的哲人"，让我很受启发。她在启发我：开始的落后，并不代表你的结果会失败，但倘若你停滞不前，那才是最大的失败；她在启发我：起点固然重要，但目光更要长远，性格坚毅，人生才能绚丽。她在点醒我：谁都知道坚持的重要，谁都知道要永不放弃，但是我们经常在犹豫，在坚持和放弃的边界犹豫，最终大多数选择了放弃；她在点醒我：我们的人生中有很多还没有完成的梦想，是因为自己的犹豫和放弃，让"梦想"成了一个"梦"。她在告诉我：人生就像一场马拉松，唯一不同的是马拉松比赛中所有人都起点相同、终点不同，而人生是起点和终点都不相同；她还在告诉我：在人生这条赛道上，我们用一生的时间来换最后的输赢，或许也像马子惠一样，起点的时候落后别人，可是谁又知道你的终点在哪里，你自己决定了自己最后能够走多远，走多长。

泰戈尔说："上天完全是为了坚强你的意志，才在道路上设下重重的障碍。"如果在困难面前变得胆小、退缩，那你就注定要失败。

在人生的旅途中，谁都会摔倒好几次，别忘了你坐在地上哭的时候别人在努力地超越你，甚至还会嘲笑你。你越懦弱别人也就越强大。

摔倒了如果擦破点皮,就拍拍灰继续跑;如果是骨折了就赶紧治疗,但无论是外伤还是内伤,都要振作起来。

近期读日本经济学家稻盛和夫的故事,深受启发:真正智慧的人能做到"三不问"——"不问曾经"的空杯心态,"不问未来"的今日思维,"不问苦难"的勇敢豁达。

愿这世上独一无二的你,成为自己生命中的超级英雄。

凡是生活，皆可美学

追随内心前行

蒋勋曾经为我们描绘过美的生活方式："美，就是回来做自己！"我们应抓住一切机会，诚实地去充实内心，去变成一个真正有血有肉有精神的人。

我们必须追随内心前行。不管周围有多喧嚣，我们必须保证自己仍然能听到内心的声音。

要工作，也要生活

一位哲学家这样说，每个人的一生都会获得两次出生的机会，一次是生存，一次是生活。我们每个人在获得生存的机会之后，都要用心演绎五彩斑斓的诗意生活。凡是生活，皆可美学。

在汉语中，生与活原本是分开的："生"原初指出生、生命及生生不息，终极则指生命力，但根基仍是"生存"；"活"则指生命的状态，原意为活泼的，最终指向了有趣味、有境界的"存在"。每个人都要"生"，皆在"活"，但只有生得"美"、活得"乐"，才会进入生活美学之境。不仅活着，且要追求"生活质感"。充满美学的生活，应成为我们生活的理想。

在"无趣的时间"里，做点什么

起初，我很烦红绿灯。最近，特别盼着红绿灯。因为一分多钟的红绿灯，足以完成每日答题。若要等两轮红绿灯，还可以继续完成专项答题，收获小小的成就感。

原先漫长烦人无趣的等待，却成了小小的美好期待，想着在"无趣的时间"里可以做点什么，焦躁的情绪就可以化为虚无。抬头望一眼蓝天，深呼吸一口空气，心情"秋高气爽"。

听完整一首歌，再下车

当我们伴随音乐一路到达目的地时，常常会遇上一首歌，还差么一点才能结束，若是立即停止，是对音乐最大的不敬。

每当此时，我会听完这首歌，在音乐停止几秒后再下车，心中便种下对音乐的虔诚，拥有一天的甜美心情。

走一段小路，遇见童年的自己

因多处在修路，往往会改变以往的路线，走上一条全新的、从未走过的乡间小路，而这却能给我带来心海的微澜。

因为，就是这样的小路，就是这样的一排农家，就是这样的高高矮矮的草垛，就是这样辛勤劳作的老人，会触碰我久远的童年记忆，我的老家，我的亲人。那些有趣的童年故事，那些温暖的亲人旧友，那些走在乡间小路的往日时光，潮水般涌进我的心头，泪湿我的眼眶。

甲壳虫乐队的音乐，曾提醒我别忘记成长岁月中与我们相处的人们,别忘记生活过的地方和那些美好的时光。那是我们精神栖息的"家园"。

停下车,赏一处风景

每天上下班的路上会路过一个生态园林,这里曾是网红打卡地。

下班早的时候,我会开车绕进去,听园林里的秋日私语,在手机里留下几许诗行,也会在林子的河岸边停下车,让心在"瓦尔登湖"栖息。捡拾几颗香橼,抓拍落日余晖,诗意便在心田荡漾开去……

谁的生活,不是一地鸡毛

高三的班主任早晨 6:00 上班,晚上 10:30 检查完学生宿舍再回家,是基本管不了自己的孩子的。孩子进入初三,作为高三班主任的家属,我几乎承担了孩子初三学习与生活的全部。

很多时候的累不是身体累,而是心累。既要去想工作的林林总总,又要去想孩子的学习生活。像我一样生活一地鸡毛的人有很多。

我常在朋友圈看到夫妻都是高中老师,八九岁的孩子就待在学校办公室上"晚自修"的;没有老人在身边,延时班结束回家,累得不想做事,跟孩子各自泡了一桶方便面应付一下晚餐的;中年的上班族们,两头的老人接连生病住院,下班后还得奔赴医院照料,硬撑硬扛的;刚入职的老师们,没有经验,手忙脚乱,还得接受领导、同事、家长"特别关照"的。这样的情景,不只发生在教师群体中,大家生活都不易。

谁的生活，不是一地鸡毛？

然而，生活不只是"一地鸡毛"

生活一地鸡毛。但我们要努力，不断充实自己的内心，缤纷自己的生活，让"鸡毛"飞出美的姿态，飞出浪漫的诗意。

我喜欢常常发朋友圈的人，喜欢看他们的吐槽，喜欢看他们分享生活的美好。

比如："唐老鸭"常常一天多种色调，一边是晒晒忙碌的工作，一边晒晒大地的馈赠，一边再发发垂钓的收获，性情中人。

比如：老钱鲜少发圈晒幸福，但当她的生日有了鲜花的相伴，有了朋友的祝福时，本已一地鸡毛的生活瞬间变得诗意浪漫起来。

我不太认同"买一束花，不如买几个菜"的生活理念，他们不懂浪漫，以为爱花是虚荣。其实，爱花，只是爱生活，爱浪漫的生活。饭菜，让我们长"身体"，鲜花，让我们长"气质"。生活中少吃一顿饭，无关紧要；生活中多了一束花，却可成就终身美好。

一个周末，源子去她爸爸学校做作业，办公室顾老师在读星巴克创始人的《将心注入》时，突然出去了一趟，给源子买来了一杯星巴克咖啡，因为《将心注入》的文字，唤起了读者对于星巴克的美丽向往；因为顾老师拥有一颗青春的心，拥有追求精致生活的热情。那不只是一杯星巴克咖啡，那是"将心注入"的生活美学。

凡是生活，皆可美学

我们要拥有把自己从眼前的生活泥潭里拉出来的勇气；努力挤出自由的时间，做自己真心想做的事。运用自己的生活美学，去把眼前的日常活出精致。你会发现那些你曾经羡慕的诗与远方，如今就在你的眼前。

只要你有一双不会被现实蒙蔽的双眼，愿意为每一个看似平凡的生活浇灌理想与情怀，任何的"眼前与苟且"终会变为"诗和远方的田野"。

凡是生活，皆可美学。将平凡的生活雕刻成诗意和美好，完成自己的生活美学救赎。生活，总会美好起来的！

闪亮的水晶心

朋友,当一株小草受伤的时候,请小心,再小心地扶起它,用你细心的呵护,让它重新站立起来,迎接风霜雨雪的考验吧!

——题记

我的教育生涯中,曾经出现过这样一位学生,他让我读懂童心的纯净与善良;他的举动时常让我感动得热泪盈眶;他,让我倍感教育使命的神圣与伟大。

他名叫海风(化名)。

起初,我喜欢这位学生,是因为他白净的圆脸上常常挂着憨厚、灿烂、友善的微笑,身材不胖也不瘦,帅气十足。

可才开学不久,几乎所有科目的老师,都向我反映,他上课故意捣乱课堂纪律,因为往往老师讲得十分投入、学生听得十分陶醉时,或在教室十分安静时,他便会发出刺耳的怪叫声,常常吓人一跳。对此,我还在一次晨会课上批评了他。接下来,他的同桌要求调换座位,说他上课总无缘无故地打他。新同桌换了不久,又会再要求换。我开始有些厌烦了。就这样,他自然而然成了老师和同学不喜欢的对象。

直到有一天,他的一篇随笔刺痛了我的心扉。他这样写道:

徐老师，我很想一个人坐到一个角落。我有很多的心里话要对您讲。我并不想故意捣乱课堂纪律，也不想打同桌，我好想控制自己，但是我控制不住啊！我想怪叫时，就狠狠地掐自己；想打同桌时，就狠狠地把钢笔头往桌上按。医生说我可能是因为上次从三楼摔下，导致了这种怪病。我真恨我自己。有时我真不想来上学了，我不想影响同学了。我只想独自坐到一个角落……

读到这里，我呆愣了好长时间。难怪，难怪最近他的作业本上总有许多墨水，那是他怕伤害到同学、善良的见证啊！难怪，难怪最近他的手臂上总有许多指甲掐的痕迹，那是他为了控制自己，而痛苦的自残痕迹啊！

而我——他的班主任在对他做些什么？除了批评，除了冷漠，还有什么？

那天，我最终在教室外找到了他。他正蹲在墙角边，无比羡慕地看着同学们玩耍，手仍然不时地抽动着，嘴里也不时发出声声怪叫。我蹲下身子，轻声地问："你怎么蹲在这儿？"他把头埋到最低，喃喃说道："我怕我跟同学玩，会伤着同学。再说，同学们也不愿意跟我玩。"

我的心再次被深深地刺痛。孩子患上这种病只是命运的不公，并不是他的错啊！而面对我们这些冷漠无情、甚至有些残忍的老师和同学，他从来没有埋怨，从来没有憎恨。他有的只是不想伤害同学、不想影响课堂的善良和愧疚啊！我的眼眶湿润了。我怎能让一个10多岁的孩子的童年从此在冷漠中度过、在寂寞中度过、在忧伤中度过？我——他的班主任，还有他的所有同学、所有的任课老师必须从此停止对他的批评、对他的冷漠！！

必须用爱的阳光,不,应该是用燃烧的爱的火焰来温暖他冰冷、寂寞的心啊！！！

我扶起他,掸掉他身上的尘土,对他说:"孩子,我不会让你孤独的!"我告诉自己,必须在第一时间赎回曾经的罪过,拯救这个自卑的孩子!

接下来的语文课,我跟同学们深情讲述了他的故事。我说:"如果有这样一位同学,他患上一种怪病,他内心非常痛苦。但为了不影响同学上课,他想一个人坐。你们同意吗?"

同学们纷纷发表自己的意见:

"不要让他一个人坐,那样他会更寂寞的。我觉得我们应该关心他,帮助他。"

"我觉得同学们应该陪他玩,让他开心。"

"每个人遇到困难的时候,都会非常脆弱。我觉得我们更不能嘲笑他。"

…………

经过一番讨论后,我平静地告诉同学们:"这位同学就是咱们班的海风。"

同学们的目光齐刷刷地转向他。同学们小心地议论起来:"噢,原来他不是故意捣乱啊!"紧接着,他的同桌脸红了,他以前的同桌脸红了,曾经奚落过他的同学脸也红了。教室里沉默了许久,终于,我打破了沉默,对大家说:"同学们,你们也不必自责,你们原先也不知道他得病了啊！行动是最美丽的语言,只要我们把刚才所讨论的化作自己的行动,我相信,你们会因为给予海风快乐而感到快乐的!"

紧接着,这群孩子做出了很多让我感动的事情:

学校的集体活动每班派代表参加，同学们会一致推选他；只要有新老师来班级听课上课，他们会自发地在课前悄悄地对任课老师说明海风的情况，让老师有所准备，不再批评他；当海风控制不住打到同学时，同学会微笑着对他说："没关系，你尽管发泄吧，我不疼。"每当这群孩子做出一个个善良的举动时，我都会驻足欣赏。试问，这世间还有比这更和谐、更动人的美丽画面吗？

从此，海风没有一个人坐过，也没有老师批评过他。在每一位同学的心中，他的怪叫成了每一堂课和谐的音符。没有人再会受到他的影响，他也不再为此而自责！他像往常一样又露出灿烂的笑容。他常常跟我聊天，跟我聊他过生日时的情景，聊他在上海看病的情况，聊同学们对他的帮助……

他在《我打算这样设计房间》一文中这样写道：

我要在房间顶上挂一个水晶灯，亮晶晶的，好漂亮！可我不是为了好看，而是为了提醒自己，人的心也要像水晶一样晶莹透亮。

…………

结尾他这样写道："说到这儿，你感觉少了一样东西吗？对了，那就是我们伟大祖国的国旗，要时刻记住自己的祖国，希望我们的祖国越来越繁荣富强，要记住'忠于祖国，振兴中华'。"

天啊，海风的内心有着怎样的如烟花般美好的梦想啊！他的心灵又是怎样的如泉水般清澈透明啊！我知道海风已彻底走出了人生的阴霾，迎来了他的缕缕阳光，他自信了，他乐观了！读这篇随笔的时候，我流泪了。那是彻彻底底感动的泪啊！

有人说，教师是一个冒险甚至危险的职业。伟人和罪人、自信与自卑的人都可能在他的手中形成。是的，如果我简单地看待海风的病，不带领同学们一起帮助他，那么我不是会犯下不可饶恕的错误，成为一个千古罪人吗？我庆幸，我能在自己迷途的时刻，立即找到了正确的方向。我更感谢海风以及这群可爱的孩子，是他们让我也拥有了一颗水晶般的心。

也有人说，教师是绚丽的晚霞，在照亮天空的同时，也呈现出自己的美丽。直到现在，海风还常常打电话给我。我想这便是我的美丽之所在吧！而我只要接到海风的电话，心头便会涌起无尽的自豪与满足。我感到我的精神家园因他及这群可爱的孩子变得芬芳而缤纷，我的人生也因此变得充实而富有。

我常自问：如果我是一滴水，是否滋润了一寸土地？如果我是一线阳光，是否照亮了一片黑暗？我为未来带来了什么？我为学生带来了什么？我为教育事业带来了什么？

每一个孩子的心都是善良的，都是像水晶一样闪亮的。

每一个孩子都是可以转化的。

每一个孩子的心灵都是需要阳光与呵护的。

别轻易地折断任意一颗正待绽放的花蕾。

有爱就有一切！

我认同——教育是一门艺术。有了充满人性的教育，再加上爱的倾注，那样，教育会是一道亮丽的风景，一段优美的旋律，一则动人的童话，一片艳阳天！

「育」见远方
——在阅读中遇见迷人的远方

阅读，是一种浪漫；
写作，是一种酷炫

阅读，是一种浪漫

阅读，是一种浪漫。这种浪漫，没有时代与年龄的界限，每个人都可以拥有这种浪漫。

家里的某几个角落，一定要摆放几个别致的书架，书架上定期更换时尚的杂志或是经典的书籍。那种新鲜色彩所呈现出的酷炫，总能唤醒阅读的"味蕾"。随手取来一本，我们便可静静地走进文字的天堂。

很多充满哲思的文字，带着我们走进"思想的隧道"，静静地沉醉在思考之中，直到通过"隧道"，迎来"思想天空"的一片光亮。很多深情记叙的人生故事，让我们在书中变成"另一个自己"，体验一段段不一样的人生，在字里行间尝遍人间冷暖，如同多活了几辈子。

于是，在回到现实生活之后，多了很多看问题的角度，学会了很多"存在即合理"的接纳，也拥有了"闲庭信步"的从容。

书籍，是人类精神财富的一个宝库，它就在我们身旁。它无比慷慨地将自己的财富与我们每一个人分享，让我们拥有无比浪漫、无比幸福的精神旅程。

写作，是一种酷炫

静静地阅读之后，脑海中就会冒出很多关于写作的"灵感"小火花。写着写着，又会觉得还得再多读点东西，才能写得更有深度，更加饱满。于是，又开始了阅读。

就这样，阅读在左，写作在右。阅读和写作也成了拥有"高质量精神生活"的两大主色调。

阅读，是与书中的伟大灵魂交谈，开启丰富的"高质量精神生活"。写作，则是与自己的灵魂对话，通过写作将外在的阅历转变成自己的精神财富，创造属于自己的"高质量精神生活"。

当下这个美好的时代，"高质量精神生活"尤为重要。而这种"高质量精神生活"的调色板，离不开阅读和写作这两个主色调。阅读，是一种浪漫；写作，是一种酷炫。

阅读和写作，有着永不过时的时代感。有时，我们和浪漫与酷炫之间只差一本书和一支笔的距离。

让我们一起，以清静心看世界，以平常心生情味，左手阅读，右手写作，让每一个日子诗意明媚。

阅读，是离美最近的时刻

阅读，是离美最近的时刻。

读书，是工作与生活的第一要素。读书不是盲目追随，要保留自己的内心；读书不是全盘接受，要有自己新的创见；读书不是完全遵从，要有自己的哲学思辨。

读书不是让自己成为"书袋子"，而是让知识成为精神的营养，并转化为知识的生产力。在书中读到的东西，要能加上自己的看法，绘声绘色地讲给别人听，做一个知识与文化的传播者。

王国维说，如果缺少观点，缺少见识，读书再多，也不会对自己的学问有补，而只会使自己迷失在浩瀚的史料中而不能自拔。读书，其实是在别人思想的帮助下，建立起自己的思想。因此，读书的本质是思考。真正的阅读，是一种深度的理解；理想的阅读，是一种深刻的思考。

读书不是任务，而应是内心强烈的愿望，是精神家园的最浓烈的渴盼。一个人读书多了，就能更为宽容地理解这个世界，看世界的目光就温暖了，说话的语气就温和了，大脑里就有更多智慧了，生活也就更加美好了。

书，是我们最亲密的伴侣。阅读，是我们了解世界的方式，为我们创建了一条去看世界的"路"。

阅读，是心灵的旅行，是离美最近的时刻。心中若有桃花源，何处不是水云间。读书，让人的姿态越来越低，眼界却越来越高，在岁月的流逝中，把最好的运气融进你的生命中。

阅读——秋天美好的第一杯"奶茶"

阅读,就是一场盛大的旅行;阅读,让我们邂逅心心相印的知音;阅读,让我们忘记忧伤;阅读,让我们笑着坚强;阅读,让我们生活如诗;阅读,让我们思想"广袤";阅读,就是秋天的第一杯奶茶。

阅读,就是一场盛大的旅行

阅读就是一场盛大的旅行。在这场旅行中,我们沿途会遇见太多美丽的风景,邂逅太多美丽的意外,产生太多深刻的思考,让自己的精神诗意地栖居在芬芳的百花园中。

阅读中,邂逅心心相印的知音

在阅读中,我们会遇见更好的自己,邂逅心心相印的知音。

在遨游茫茫书海之后,我们会发现其实只有那么一小块,才与自己的生命素质有着亲切的对应关系。完全脱离个人文化心理结构而任意冲撞地阅读,就会因失去了自身生命的濡养而变得毫无乐趣可言。

阅读，让我们忘记忧伤

孤独、寂寞、忧伤来临之时，阅读储备便派上了用场。每当此刻，我们可以直接"潜逃"至书籍当中，徜徉字里行间，忘记一切负面的片段。书中的一个个淡定的人、勇敢的人、豁达的人、乐观的人便会一下子如同亲密的朋友般汇集到我们面前，劝慰我们、鼓励我们、感染我们、鞭策我们，直到心情一片艳阳高照。

阅读，让我们笑着坚强

"过日子同时也要放飞灵魂，读书与后者有关。"因为阅读，我们的内心变得强大，拥有了勇敢起来的力量。随着阅历渐丰，我们会发现每一张脸的背后都会有或多或少人间的悲欢离合，但读书多的人会选择笑着坚强。

阅读，让我们生活如诗

每一个不曾阅读的日子都是对生命的辜负。阅读不仅是对外部世界的开发，更是对自己生命的开发。爱阅读的人，不仅有眼前，更有诗和远方。

一群游客到达相同的景点，内心与精神到达的地方却会大不相同。一个有着丰富阅读经历的人，眼中的景色一定更为诗意与灵动，他会因曾经在文字里的相遇而变得诗情万种，哲思飞扬。

阅读，让我们思想"广袤"

太多的人抵达过余秋雨先生到达过的地方，但能写出《文化苦旅》之类作品的却没有几人。我想，这与阅读基础有着深刻的关系！因为身体活动的空间是可以计量的，但思想活动的疆域却无限广袤。

最简单的路径——阅读，会抵达人生最丰富、最美好的可能。

阅读，秋天美好的第一杯"奶茶"，快乐喝一杯吧！

阅读,从现在开始,一点儿也不晚

有不少家长知道孩子阅读的重要性,但却不知如何从儿童成长的角度,引导孩子爱上阅读,学会阅读。很多家长常常因未能培养孩子良好的阅读习惯而生活在自责悔恨之中。

在这里,我想跟家长朋友们说,无须自责,也不必悔恨,因为,阅读,从现在开始,一点也不晚。

那么,作为孩子的父亲或母亲,我们可以通过哪些适合儿童的方式,让孩子爱上阅读呢?下面与大家分享一些我的思考。

做充满激情的"朗读者"

"你或许拥有无限的财富,一箱箱的珠宝与一柜柜的黄金,但你永远不会比我富有——我有一位读书给我听的妈妈。"

这是吉姆·崔利斯的《朗读手册》封面上的一段经典的话。我建议家长们都去看看《朗读手册》。在我的眼中,这本书是一本让孩子爱上阅读的"葵花宝典"。因为这本书中涉及了不同年龄段孩子的阅读问题,您总能找到为您的孩子量身定做的那一部分。

那么问题来了,有的家长可能会想,我的普通话都不标准,如何去为孩子朗读?我给大家介绍两个方法:一是巧用资源,如可以将央视的《朗读者》《见字如面》等优秀电视节目,当作教材;二是可以将"喜马拉雅""懒人听书""读者"等 APP 当作资源,让鞠萍、单田芳等艺术大师为孩子朗读。当然,也可以充当虔诚的听众,让孩子读给自己听。不过一定要专注地倾听,千万不可敷衍孩子,否则,孩子就会失去朗读的兴趣。家长还可以为孩子配乐读,将孩子的朗读作品进行发布,以获得更多的听众。因为,儿童,是渴望有"听众"的。家长应陪伴孩子一起朗读,共度美好的学习时光。

做孩子阅读的"荐书人"

6—12 岁,是阅读能力长期发展的黄金时期,这六年,可以说,没有什么比海量阅读、提高阅读能力更重要。

那么如何选书呢?我想,必须做到这几项标准:贴近儿童生活、适合儿童经验、适合儿童心理、适合儿童学习程度、能培养儿童德性、有文学价值。

家长朋友们也可以带着孩子一起走进影院,与孩子进行电影阅读,去看《神秘巨星》、去看《流浪地球》、去看《老师!好》,相信看一部电影,对孩子的影响也是巨大的。

做读书氛围的"设计者"

不论家境如何,也不论穷养富养,对孩子的书架,请一定要舍得投资。

我建议每个家庭都给孩子一个专属的书橱,这样孩子会有一种读书的归属感。每个家庭都要有一些杂志架、图书角,将书放在孩子触手可及的地方。请相信,这些书橱书架无时无刻不在散发着书籍的芬芳。

在孩子生日时,在儿童节时,在获得进步时,可以送一本书作为孩子的礼物。有心的父母还可以在扉页上写上读书寄语。这些寄语将成为孩子成长的精神力量。

当然,读书氛围的设计,不仅仅在家庭,也可以走出家庭去创设氛围。经常带孩子去家附近的图书馆或者书店,让孩子在书的海洋中自由选择。也可以带孩子参加一些读书交流会,与一些作家近距离接触,激发孩子的阅读热情。

做培养兴趣的"游戏者"

比如,爸爸妈妈们在与孩子各读一本人物传记后,可以与孩子比吹"牛",说出这些伟大人物的过人之处,用这种游戏的方式与孩子进行阅读的交流。

比如,可以设立家庭读书日,使得读书变成家庭的集体活动。

再比如,讲故事时故意忘记情节,留点悬念。让孩子迫切想知道接下来发生什么。

当然,家庭还可以进行"声临其境"的表演。将一些经典的名著,用讲演的方式表现出来,让家庭成为一个小剧场。比如《俗世奇人》《简·爱》、我国四大名著等文学经典就十分适合这种游戏方式。

做多彩书籍的"知识搬运工"

孩子毕竟是孩子,阅读的时间与书籍都是有限的。父母可以成为孩子的"眼睛",将自己读到的、听到的知识、新闻等在上学路上,吃饭之余,讲给孩子听。所谓听君一席言,胜读十年书。比如,在听了罗振宇的跨年演讲"时间的朋友"之后,就可以将这篇演讲稿中的金句与孩子进行分享。

做深度阅读的"引路人"

看了能读,读了能讲,读了能想,读了会用,才是进入读书的最高境界。

带领孩子深度阅读,可以让孩子成为书中的某个人物,一起去"经历";可以让孩子为书中的某个人物写一封信,给他提提你的建议;可以根据书中的某一个人物或情节画一张画或图表,并做出相应的解释。

…………

家长朋友们,让我们与孩子一起做充满激情的朗读者,做好孩子阅读的荐书人、家庭读书氛围的设计者,做培养孩子阅读兴趣的游戏者,做多彩书籍的知识搬运工、深度阅读的引路人。

当然,与孩子一起做旅行者,"读"大千世界,也是无比重要的。

家长朋友们,儿童阅读不仅仅是孩子的事情。一位喜欢读书、会讲故事的父母,对孩子的意义非常之大。

陪伴孩子阅读最好的起点,是他们生命开始的那一刻,其次,就是现在。

阅读,从现在开始,一点都不晚。

我的"忠实追踪"阅读史

我将自己的阅读分为：布置型阅谈、追踪型阅读、批削性阅读。更多时候我只是一个忠实的追踪型读者。

书，是我的情人，只是与恋爱的用情专一不一样。我对于作家十分博爱。对于很多作家。我都可以一见钟情。一见钟情之后，便会淘尽他们的作品。

我所记录的"忠实追踪阅读史"中的作者，不分才学高低，不论时间先后，更不比名气大小，想起谁就写谁。

忠实追踪作家——程虹

走近她的作品，进而喜欢她的作品，是因为她的字里行间总是流淌着一股清流，涤荡我的心灵。

程虹老师，文学博士，首都经济贸易大学英语教授，专注于英美自然文学的研究，这在中国文坛十分珍贵！大约是在2014年，我偶然在网易时尚频道了解到她。在阅读了她作品的简介之后，便从网上买回了她的全套作品，有她的——《宁静无价：英美自然文学散论》,也有她的"美国自然文学经典译丛"——《醒来的森林》《遥远的房屋》《心灵的慰藉》《低吟的荒野》。单看这些书名,就有某种脱俗之感,心中便生亲近之意,让我无法抗拒地喜爱。在一个个宁静的夜晚,我总会如痴如醉地逐句细品,真是相见恨晚。

《醒来的森林》向读者展示了鸟之王国的风采及林地生活的诗情画意;《心灵的慰藉》则是作者以自己独特的经历讲述了如何陪同身患绝症的母亲游览美国西部的大盐湖,从大自然中寻求心灵的慰藉;《低吟的荒野》则描绘了美国北部"奎蒂科—苏必利尔"荒原的自然景观。对于《遥远的房屋》写作风格,我最喜欢一个评论家的评价:句子像大海的波浪一个接一个,而且每一道海浪又保持其个性。每个句子都有适当的节律:浪起,浪碎,浪退,然后,为下一道浪留下短暂的空白。整本书充满了乐感,是一本请求读者朗读的书。

在读一些同一本外国文学作品的不同译本之后,我发现,译者不同,味道也不同。因为,从外文转换为中文的语言表达,是需要具有厚实的文学功底及专业的学术修养的。否则,译出的作品会让原著失去光彩!而程虹老师的译著显然是让美国自然文学"研习自然"与"认识自我"的主题又增添了几分亮丽、几分魅力、几分深刻!在程虹老师的译作中,会邂逅到很多的哲学家、作家、艺术家,如爱默生、梭罗、利奥波德、沃尔特·佩特、科尔等。读她的译作,更像是在读哲学与艺术的百科全书。行走于她的文字之中,我幸福地走向自然,走向神圣的风景,开始心灵的"朝圣之旅"!

程红老师的译著,有很多是在列车上完成的!因为,她要常回家看家中的老人。在阅读她的作品、了解她的文学研究之路之后，我才深深领悟：在现代社会中，唯一能够与灯红酒绿、人心浮躁的现代都市相抗衡的是沉默无言、由来已久、蕴意深长的自然界，以及我们渴望在匆忙之中保持在心中的那份宁静！程虹老师犹如一位人生导师，教我如何坚守自己的兴趣，如何低调地做人。她尤其教会了我，无论世界如何喧嚣，我们都可以拥有"心远地自偏"的无限美好！也教会了我大胆地将内心的精神体验与外界的自然景物融为一体，将整个物质世界造成"精神世界的影子"。

忠实追踪作家程虹，我同时追到了文字的美好，追到了心灵的宁静，追到了精神的故乡！

忠实追踪作家——金波和周益民

喜欢金波作品，源于10多年前在海安市实验小学听的一节课。活动名称早已记不清了，记得很清楚的是我听到了当时最火的明星老师窦桂梅所讲的《圆明园的毁灭》，以及当时刚刚出道的周益民老师对《逆风的蝶》（选自金波作品《乌丢丢的奇遇》）的阅读指导。周老师很瘦，一身清爽的穿着。与激情澎湃的窦老师课堂相比，他的课安静多了、简单多了！课堂上，周老师领着一群孩子幸福徜徉在金波的童话之中，与孩子们一起阅读着、一起感动着。那样美好的画面就像一道恬静的水乡风景一样，一直烙印在我的心里。

活动回来后，我便从书店买回《乌丢丢的奇遇》这本童话书。我发现金波——这位国际安徒生奖提名作家，真是身怀绝技，他总是在他的儿童文学中，优雅而深沉地展示自我，表达澄明的人生智慧。我必须与我的班级学生分享金波文字的美好。于是,每天下午放学前的20分钟,成了班级的"乌丢丢的奇遇"时刻。刚开始是我读,每次我都会在读到情节最曲折、最扣人心弦之处时戛然而止,孩子们满是期待地喊"往下读、往下读",看到孩子们被金波的作品深深吸引,我的心中无比得意,但就是不往下读,而是宣布放学。孩子们只好带着对第二天"乌丢丢的奇遇"的期盼,开始猜测情节的发展,一个个编创故事的文学种子悄无声息地萌芽。后来,我觉得总是"我读,孩子们听",有些乏味。我就对孩子们说:谁听得最认真,我就将"读故事"的权力交给谁,他可以将书带回家,提前一个晚上知晓情节,并练习朗读。这一决定,立马让小家伙们听讲的姿势都成了军人一般,眼睛更是无比专注地盯着我。我心中更是得意,因为眼前的这群听故事的孩子比童话更加美好、更加可爱。

某一天,我发现当时与我搭班的宗钱云老师每天的这个时分也会来到教室"批改作业"。后来,宗老师告诉我,她其实是来一起听故事的!我在心中默默慨叹:金波作品的魔力真大啊!现在,金波童话作品《和树谈心》《小树叶童话》《乌丢丢的奇遇》等成了我的每一届学生的必读书目。我的学生中有孩子曾仿照金波的《追踪小绿人》写了"连载作品"《追踪小红人》,颇为有趣。

如果说,当年追星金波,是因为周益民。那么,如今,追星周益民的作品,是因为我的昔日作家同事郭姜燕。在郭老师的一篇文章里,我看到她推介的一本书《故事、儿童和作家的秘密:走近儿童阅读》,作者就是周益民。立马网购回来。在这本书里,周老师记录了他与金波先生的对话。从之前只能对话金波先生文学作品到能够对话金波作家本人,周老师真是幸福极了!这本书里,周益民老师将对话金波先生的文章放在第二篇,题目为"为童年种植真善美"。巧的是,周老师对话金波,也是选取了《乌丢丢的奇遇》这本书作为话题的开始,可见周益民老师对于这本书的喜爱及这本书在周益民老师心中的地位。在周益民老师的这本书里,我读到了他与孙幼军、梅子涵、秦文君、沈石溪、黄蓓佳等28位儿童文学作家的对话,我看到了周老师对于儿童文学的喜爱,对于作家创作生活的好奇,以及让更多读者走近儿童文学的愿望。在这些丰富的对话里,我更是看到了儿童文学作家深厚的文学情怀、深刻的文学理解以及深切的人生感悟。

"睁着眼睛看自己,已进入了老年;闭上眼睛看自己,还是那个孩子"。金波的诗告诉了我们永葆儿童文学写作青春的秘诀!

儿童文学作家,是孩子中的大人,是大人里的孩子。走近儿童,走进儿童的秘密花园,就是在温习我们的初心和"本来"。这是周益民老师的书给我的启迪。

忠实追踪作家——周国平

安定老校区,东二楼,悠长的走道最北侧,安定小学图书馆。那里是我喜欢周国平的发源地。海琴当时任馆长。我与海琴是很好的朋友,我上课的教室就在图书馆隔壁。课间十分钟,我总会去图书馆串个门,喝口茶。在那里,我总喜欢坐在图书馆的"吧台"与海琴聊几句。聊读书的居多,也聊点"山海经",聊点家长里短。

在空课时间,穿梭于排列整齐的书架间,是我每天的必修课。选书,翻书,读书,是一天中最美好的时光。图书馆的那么多藏书不属于我,却又有一种完全属于我的美好错觉。

有一天，海琴看一本书的时候，在稀里哗啦掉眼泪。这对于成天嘻哈的海琴来说，实属罕见！我接过书，只读了几页，便深深地爱上了它。

这本书正是作家周国平先生的《妞妞——一个父亲的札记》（以下简称《妞妞》）。这本书是周国平第一次成为父亲后的日记，是一本凝结着深厚父爱的书。书的主角是一个仅活了562天便夭折的小女孩——妞妞。可能是因为妞妞的妈妈雨儿在怀孕5个月时感冒，医生执意以大量X光照射的缘故，妞妞出生后左眼瞳孔与别的孩子不同，最终被确诊为恶性眼底肿瘤。但是，小小的妞妞从未向苦难做出过妥协，她依然热爱世界、挚爱生活、珍惜生命。她对语言、音乐产生了兴趣，妞妞一发病就听音乐跳探戈，她骑在爸爸的肩上，摇头晃脑，爽朗快乐地笑。虽然，妞妞丧失了缤纷的视觉，但她却用美妙的听觉、真实的触觉完整地舞了短暂的五百六十二个日日夜夜。妞妞是弱小的，但弱小的妞妞在父亲眼中却令人惊骇地坚强隐忍。

读着《妞妞》，我如同眼睁睁地看着那可诅咒的病魔是怎样猖狂肆虐，怎样一点一滴吞噬那可爱的小生命。读着它，我无法不为周国平先生在苦难加身时的承受力和对苦难的准确记录而震颤，而泪流成河。

人生中不可挽回的事太多，既然活着，还得朝前走。经历过巨大苦难的人有权利证明，创造幸福和承受苦难属于同一种能力。没有被苦难压倒，这不是耻辱，而是光荣。

读这本书，真的需要将纸巾拿在手里。或者，也可以任凭泪水独自流淌。

后来，周国平有了第二个女儿啾啾，他又写了一本书《宝贝,宝贝》。可以这么说,《妞妞》是一本写苦难的书,《宝贝,宝贝》是一本写幸福的书。但我更喜欢《妞妞》,虽然看了,会心伤。

对于我们这些没有上过大学的中师生来说,对于大学读书生活的向往总是深藏心中。就在我们正青春的那个年代,大学里曾流传一句话:"男生不可不读王小波,女生不可不读周国平。"这也倍增了我当时对阅读周国平作品的无限渴望。我开始追星,开始读周国平的书及那个年代很是流行的周国平的博客。

周国平的成名之作,是他的学术专著《尼采:在世纪的转折点上》。在他的眼中,尼采有血有肉,有泪有笑。他对这位"诗人哲学家"的观点进行了全新的解读,在当时掀起一股"尼采热"。我在读这本书的时候,也常常用其中的文字作为自己的QQ说说及个性签名,比如酒神精神、比如强力意志。

《岁月与性情》是周国平的心灵自传。在这本书中,周国平始终设想自己是站在全知全能的上帝面前。他认为自己的所作所为、自己最隐秘的心思,上帝全都知道,也全都能够理解,所以无须隐瞒。因此,这本书最大的魅力便是周国平的真诚、真实及其极具个性的哲思。在这本书中,周国平先生花了很多篇幅写他与郭世英(郭沫若儿子)的故事。因为,在他的心中,今生今世遇见的最具人性魅力的一个人便是他。而读了他们的故事,我深深地喜欢上了郭世英。

近期,我正阅读的是周国平的《人与永恒》。在此,我不想再用我的文字来评说,只想与诸位读者分享这本书中我最喜欢的关于写作的一些文字:

文字是感觉的保险柜。

写作的快乐，是向自己说话的快乐。

真正的写作，即完全为自己的写作，是从写日记开始的。

一个真正的写作者，不过是一个改不掉写日记的习惯的人罢了，他的全部作品都是变相的日记。

无所事事的独处，是写作者的黄金时刻。

写作者需要闲散和孤独，不但是为了获得充足的写作时间，更是为了获得适宜的写作心境。

灵感是神的降临，忌讳俗事搅扰和生人在场。

写作的"第一原理"是感觉的真实。有人写作是以文字表达真实的感觉，有人写作是以文字掩盖感觉的贫乏。

…………

亲爱的朋友们，读到以上文字，你心中是不是也涌起了想要追踪阅读周国平的冲动呢？那就趁冲动还在，赶紧开启追踪阅读之旅吧！

忠实追踪作家——杨绛

《生命从容，我心优雅：杨绛传》是有一年暑假我在南京先锋书店购得的。

这本书不是杨绛的作品，是写杨绛的传记。作者是夏岚。因为，我对杨绛先生的喜欢，正如我对我慈善的外婆的喜欢。因此，但凡看到有关于她的一切，心中总会涌起莫名的亲切与温暖。

在众多作家之中，杨绛先生是我最敬重的人。她才华横溢，人格高尚，且不去说别人对她的评说，只一句她的爱人钱锺书对她的美评"最贤的妻,最才的女",便可超越一切。不可否认,这句评价一下子奠定了杨绛先生在我心中不可撼动的偶像地位。

杨绛先生是一个温婉如月的江南女子,出身于书香世家。她给人的感觉总是"一袭优雅独芳华"。

读杨绛先生的作品,总会涌起这样的感觉:其沉静简洁的语言,看起来平平淡淡,无阴无晴,然而平淡不是贫乏,阴晴隐于其中,经过漂洗的苦心经营的朴素中,有着本色的绚烂华丽,干净明晰的语言在杨绛笔下变得拥有巨大的表现力。或许有时明净到有些冷,但由于诙谐幽默的渗入,便平添了几分灵动之气,因而使静穆严肃的语言自有生机,安静而不古板,活泼而不浮动,沉着老到,雍容优雅,锋芒内敛。

不去说先生的其他作品,只说她在1997年、1998年两年间痛失至爱的女儿和深爱的丈夫钱锺书之后写的深情回忆录《我们仨》。与这本书的相遇是因为周国平的另一本书——《经典闲读:周国平读书文辑》。周国平在这本书中给予《我们仨》极高的评价。于是,我便迫不及待地买来了这本书。刚读几页,便被深深吸引。一夜未睡,翻读完毕。这本书平和朴素的语言,弥漫着杨绛先生淡泊名利的人格芳香,吟唱着哀而不伤的抒情笔调。在阅读之中,我见到了他们三口之家朴素干净、坚韧严谨、超然物外的温暖的灵魂。写作这本书时,杨绛先生92岁,已经走在人生的边缘。因此读这本书时有着别样的感觉,如同在听一场平静的讲述,在这场平静的讲述中,我感受到他们三口之家共同走过的一段悲怆而温暖的旅程,感受到一位老人"一个人思念我们仨"的凄美情思,更感受到杨绛先生向我们最真情的表达:家庭是人生最好的庇护所。

当我读到一本好书的时候，我总会迫不及待地将她讲给同事听。我读到这本书的时候，学校还在老校区。我与沙老师、周老师每天总有一段在操场散步的时光，是操场上的"我们仨"。在这段时光，我们总会彼此聊聊"书话"，一段时间，《我们仨》则成了我滔滔不绝讲述的故事。后来，不仅讲《我们仨》，还讲杨绛的其他故事。再后来，林徽因、徐志摩、金岳霖、周国平、余秋雨等很多文化名人及他们的作品都走进了我们每天散步时的"书话"里。散步时聊聊"书话"，让自己的灵魂也一起散步，是那时我们认为的人生中最惬意的事情。现在，我们仨分别在三所学校，但有回忆的人生是幸福的，一边悠然散步，一边聊聊《我们仨》，已成了我最独特的回忆片段。

"这位可敬可爱的老人，我分明看见她在细心地为她的灵魂清点行囊，为了让这颗灵魂带着全部最宝贵的收获平静地上路"，周国平这样评说杨绛先生。非常感恩《我们仨》给我及我的朋友们带来的人性的温暖，带来的内心的宁静，让我们懂得珍惜平凡人生的每一天。

忠实追踪作家——王蒙

我从未认真思考过文学与人生的关系，我只认为文学对于我们的生活来说十分重要，我无比热爱着它。除此之外，我也从未想过用更美、更生动的语言来描述它们的关系。

直到那天下午，作家王蒙的讲座才轻轻为我拉开了一扇"文学与人生"的思想之窗，让我看到了窗外无比曼妙的天空。我无比感恩,这位老人亲临如皋,带着如皋这座小城的人儿,从此"深受文学的吸引",幸福前行。刚开始,我看到王蒙先生的讲座主题是"文学与人生",我以为一个高产的著名作家,一个共和国昔日的文化部(现更名为文化和旅游部)部长,讲起来定是相当深奥,所以之前特地"预习"了关于他的一些"功课"。一个让我仰慕已久的作家快要出场的时刻,我的内心涌起了年轻时"追星"的激动,那种感觉对于我来说,是那样亲切,让我一下子"青春"起来。的确,《青春万岁》啊!

　　作家王蒙开讲"文学与人生"。文学是什么?文学是对生活的安慰与留恋,文学是用智慧战胜死亡。王蒙老师由《一千零一夜》的传说开讲:相传萨桑王国的国王山鲁亚尔生性残暴,他每天娶一名少女,第二天就把她杀死。山鲁佐德为救无辜的女孩,便自愿嫁给他,并在每天晚上讲一个故事,每每讲到最精彩的地方就刚好天亮。国王想听完故事,只好不杀她……就这样过了一千零一夜,国王终于被感动,与她白头偕老。王蒙老师用这个家喻户晓的《一千零一夜》的故事起源,把"文学"对于"人生"的重要性一下子清晰地呈现在所有听众的面前,让我好生佩服!

　　我们的身边,绞尽脑汁通过讲高深得让人听不懂的理论,以说明自己有学问的人太多太多。但通过讲大家都听得懂的故事,让大家能轻松明白深刻道理的人却少之又少。眼前的王蒙便是后者——真正有学问、让人仰止的人!抛却一切烦恼,抛却一切浮华,安安静静地听王蒙老师安安静静地讲着"文学与人生",突然觉得,礼堂内王蒙老师的声音宛若天籁。每一个从他嘴里进出的字眼都是那么充满引力,值得回味:文学来自我们感情的激动，来自我们感情的痛苦，来自我们情感的压抑。忧郁是歌曲的灵魂，也是文学创作的灵魂。生活中处处会出现文学的契机与文学的需要。文学帮助我们发现了生活的美好，改善了我们对生活的认识。

朱自清的《匆匆》，让王蒙发现了春天的桃花，从此开始珍惜春天；亚米契斯的《爱的教育》中的《六千英里寻母》让他发现了每天可以与母亲在一起，不必六千英里寻母的美好……这位八十多岁高龄的老人对于"爱情"也有着让我感到"无比青春"的理解。他娓娓而谈：我以为啊，从某种意义上说，先有爱情的文学，才有爱情。有了文学基础的人对爱情的理解要美丽得多。

王蒙老师现场朗诵了徐志摩的情诗《偶然》：我是天空里的一片云／偶尔投影在你的波心／你不必讶异／更无须欢喜／在转瞬间消灭了踪影／你我相逢在黑夜的海上／你有你的／我有我的方向／你记得也好／最好你忘掉／在这交会时互放的光亮！他说，你们想象一下，如果鲁迅笔下的阿Q有着这样的文学基础，他为吴妈朗诵了这样一首诗，吴妈一定会无比感动，然后深情回应：月亮代表我的心。哈哈，全场笑声，全场掌声！太有才了！我完完全全痴迷于眼前的这位老人！多么幽默，多么耐人寻味啊！这么一讲，你还能小看文学的力量吗？这么一讲，你还敢不读书吗？这么一讲，想要浪漫的爱情，还敢不背诗吗？！

文学的的确确培育了我们的感情，改变着一个人的气质，增长着我们的魅力！多么美妙的文学啊！有了文学，生活就不会那么寂寞；有了文学，生活就不会那么悲哀；有了文学，我们便会关注自己的内心与灵魂，滋养我们的内心与灵魂，充实我们的内心与灵魂。文学是对人生的一个弥补，把生活中的不可能变成现实。文学启发了我们的想象力，打开了我们生活的一扇窗。文学使人对一切都产生了兴趣。

讲座长达两小时，这位老人没有一丝卖弄、没有一丝炫耀、没有一丝骄傲，有的只是一种平和、一种幽默、一种沉静。在这种人格魅力的感染之下，整个会场两个小时一直十分安静。也许两个小时的讲座只是人生中的一次经历，但是，我以为真正能改变我们人生力量的也许只需某一个片段，也许就只在某一个瞬间。艺术的高度，首先是动心，其次是对精神的洗礼，最后是发现生活的美好、发现大自然的美好、发现心灵的美好。

王蒙老师的讲座就是一场真真切切的站在艺术高点的讲座，一场让我"动心"的讲座，让我"精神深受洗礼"的讲座，让我"发现生活美好"的讲座。

因为这个讲座，我度过了一个无比曼妙的下午，也从此踏上了追踪阅读王蒙作品之路。

忠实追踪作家——帕克·帕尔默

当我用漫步的方式读完帕克·帕尔默《教学勇气》这本书时，我的精神世界忽然之间变得无比芬芳。我甚至有点沾沾自喜，因为，这本书里有很多让我感到遇到知音的文字，更有很多让我感到遇到知音的观点。帕克·帕尔默也成了我作为教师这个角色的偶像。可以说，这本书是我精神的引领者，是我灵魂的呼唤者。她让我——一个平凡的教师拥有实现教育梦的隐形的翅膀。接下来与大家分享我在追逐帕克·帕尔默《教学勇气》之后产生的新思考。

师者，学生精神（心灵）的引领者

就像任何真实的人类活动一样，教学不论好坏都应该发自内心世界。我把我的灵魂状态、我的学科，以及我们共同生存的方式投射到学生心灵上。从这个角度说，我们的教学就是通达灵魂的镜子。我们要让自己处于引领学生精神的地位，必须教导自己认识自我。对于一名优秀教师而言，认识自我与认识学生、学科是同等重要的。这是我非常认同的一个观点，并一直付诸实践。作为教师，无论获得哪方面有关自我的知识，都有益于更好地服务于教学和学术。有好的老师，才有好的教学。让自己变得更优秀，我们的学生才会更优秀，我们的教学也才能事半功倍。

教学是一种无止境的相遇

所有真实的生活在于相遇。同样，教学就是一种无止境的相遇。我们在每天的教学生活中，与文本相遇，与学生相遇，与不确定性相遇，与成长相遇，同时，也与烦恼、挫折、困惑相遇。一个优秀的教师必须站在个人与公众相遇之处，就像徒步穿行在十字路口，处理川流不息轰鸣而过的交通车辆，在百川交会处编织联系之网。在这种无止境的相遇之中，我们不断地完善自我，重塑自我；我们不断地见证学生的成长，与他们共同学习生活。我们对于每天的新的相遇要保持开放的心态、清醒的状态，这样才能让自己不失去教学的心灵。

教师应当不自卑

这里不得不提书中的一个关于埃里克的事例。埃里克出身在乡村，来自工匠之家。18岁时，从偏远的乡下一下子考入著名的私立大学,埃里克心灵上经历了强烈的文化冲击,并且一直没能克服这种文化震惊。因此在与同学和伙伴的相处之中,以及后来在与他认为文化背景比他"文明"的同事相处之中,他感到不安、缺乏自信。他学会了像知识分子、学者一样说话和做事,但在内心深处,他总是感觉自己是混进了这个层次的群体中的一个另类,在他眼中,他们才是天生属于这个群体的,而自己则不是。于是,他以为主动出击就是对自己的最好保护。他对任何人任何事都挑起争论,对别人的任何反馈都以一种模糊的轻视态度作为回应。

但与他一样来自匠人之家的艾伦的情形则不同。他从偏远乡下到大学的跨越并未引起文化冲击,他并没有被迫掩饰自己的出身,反而能够以此为荣,并把自己的手工艺融入教学研究之中。

这让我不由想起出身鞋匠家庭的林肯总统,他当选总统之后,在面对众议员的嘲笑声时,不但没有以出身卑微而自卑,反以此为荣。正是这种不自卑的心理,才让他成了美国历史上最出色的总统之一。

所以,无论出身怎样,无论来自哪里,都千万不能自卑,只有在足够自信的状态中,才能做一名优秀的教师,才能实现自身教育的梦想。

让自己成为自己

教学魅力在于自己的教学方式和自身之间保存着一致性。我们在教学过程中不要刻意地去模仿别人,让自己成为别人,而应让自己成为自己。我们应清楚地认识自己,身份认同要求我们在与他人的相互依赖、相互影响的过程中利用自己的天资。这其实是教学技巧的适当位置和作用，我们更多地了解了自我独特性，就能学到展示而非掩饰自我个性的技巧，优秀教学则是从中产生的。我们应利用教学技巧使自我天资更好地表现出来，从中产生最优秀的教学。我们还应记住，只有不停地反思才能更好地认识自我。

不要将自己置身于恐惧之中

因为在我们的内心世界景观中还有我们要表达和行动的天地。每次走进教室，我都能够从我的内心世界景观中选择我教学的天地，就像我也能从学生的内心世界景观中选择会达到我的教学目标的教学天地一样。我们不必在恐惧中进行教学，我们可以在好奇、希望、同感或诚实等这些与我们内心的恐惧一样真实的感受中教学。我们可以有恐惧，但不必置身心于恐惧之中。

做一个愿意冒险的教师

一个优秀的教师，一定是一个愿意冒险的教师。尤其是愿冒开放性对话的风险，尽管有时候我们根本不知道这种开放性对话将把我们带向何方。这其实与多尔先生提出的课堂教学的不确定性，有共通之处。试想，如果课堂中将要发生的一切，我们都能预设得到，如果学生的表现，我们都能料想得到，那么，这样的课堂有什么生成性，有什么创造性，又有什么吸引力？所以，作为一名教师，应当敢于冒险，敢于面对课堂中即将发生的一切不确定性的现象，只有这样，我们才能让课堂变得生机无限，我们才能让课堂变得魅力无穷，我们的教育梦才能实现。

牧养学生言语生命的野性

说实在话,无论是教师还是学生,在内心深处一定都流淌着对生命自由、语言自由的向往。所以,作为一名教师,在每一堂课中,都必须让每一位学生的心灵获得自由,营造一个真正自由的课堂氛围,提供一个真正自由的言语时空,牧养学生言语生命的野性。只有这样,我们面对的儿童,才能真正称其为儿童。儿童的言语,才能散发出生命的气息。

真正的共同体是论争,而不是竞争

在读这本书的时候,我发现了一个很有意思的语词——论争。而且,在这本书里,我找到了真正的共同体的答案。真正的共同体是透过论争而不是竞争来推进我们认知的。竞争是个人为了牟取私利而秘密进行的、得失所系的比赛;而论争是公开的,有时是喧闹的,但永远都是群体共享的。在这个公开的、群体的论争中,每个人都有可能在学习和成长的过程中成为胜者。竞争则跟共同体相对立,腐蚀瓦解关系结构。论争是我们公开挑战彼此想法的动力,是彼此考验、更好地认识世界的群体性努力。在我的教学实践中,也正在试图建构这样的共同体。

伟大的课堂教育梦

读了这本书,我的脑海里不禁闪烁"伟大的课堂"这样的词语。什么是伟大的课堂?伟大的课堂应是多元的、有创见性的、诚实的、谦卑的、自由的课堂。多元化走进我们的课堂,不是为了行政上正确,而是因为伟大事物各式各样的奥秘需要多元的观点。创见性的论争,不是因为我们愤怒或怀有敌意,而是因为有必要透过论争来纠正我们对于伟大事物本质的偏见。诚实,不仅是因为我们应该彼此真诚相待,还因为对我们亲眼看到的事物说谎就等于出卖了伟大事物的真理。谦卑,不是因为我们打了败仗、输了,而是因为我们只能透过谦卑这片透镜看到伟大事物,而一旦我们看到伟大事物,谦卑是唯一应有的态度。

这本书虽然已经阅读结束,但我已鼓足了追求教学梦想的勇气,一切又重新走在路上。我一定会心怀希望教学,实现教育的梦想。

忠实追踪作家——朱永新

提到新教育,就会想到朱永新;
提到全民阅读推广,同样会想到朱永新。
他提出了很多响亮的口号:
一个人的精神发育史就是他的阅读史。
一个民族的精神境界取决于这个民族的阅读水平。
共读共写共同生活。
改变,从阅读开始。
……
朱永新先生是我的偶像!估计不少教师朋友都是他的忠实粉丝!

以下是我在追踪阅读朱永新作品时的心得。
很多触动我们心灵的,往往是一句短小却耐人寻味的话语。这样的话语,我常常会花上好长时间去琢磨、去体会、去领悟。在我曾经的阅读经历中，像这样的书有泰戈尔的诗集《飞鸟集》《新月集》等。诗句虽短，但足以让我们回味良久。而最近我同样遇到这样一本书——《教师最喜欢的教育名言》，虽非朱永新先生的原创，但是汇聚了古今中外众多教育大家的至理名言，我将其作为一本工具书放在案头，随手翻看一下，就会感到一种智慧之光在自己的心头点亮。撷取片段，与大家交流分享。

教育的价值

美国社会活动家马丁·路德·金说，一个国家的繁荣，不取决于它的国库之殷实，不取决于它的城堡之坚固，也不取决于它的公共设施之华丽，而在于它的公民的文明素养，即在于人们所受的教育，人们的远见卓识和品格的高下，这才是真正的利害所在，真正的力量所在。今天，几乎所有的国家都越来越认识到教育的重要性，期盼教育改革，让其适应甚至引领社会发展的呼声也越来越强烈。这对每一个教育人来说，都是一份沉甸甸的责任。

美国作家马克·吐温说，每关闭一所学校，就得多造一座监狱。这从反面阐明了教育在社会发展中的价值。整治一个地区的秩序、改变一个地区的面貌，有很多种方式，引进一所高品质的学校，常常是一种有效的途径。

教育两件事：一件是体育，是为身体的；另一件是音乐，是求心灵美善的。柏拉图的这句话，希望能够引起我们的深入思考。我们今天的教育，在这两方面关注得都很不够。当身心都得不到很好的关照的时候，人生存于世的意义何在？

教育的目的

英国哲学家怀特海认为,学生是有血有肉的人,教育的目的是激发和引导他们的自我发展之路。在学习伊始,孩子们就应该感受到发现世界的喜悦。教育应该让孩子们发现,他们所学到的东西,能够帮助他们理解生命中所发生的一系列事情。

德国民主主义教育家第斯多惠也说,教育的最高目标就是激发学生的主动性,培养学生的独立性。从广义上讲,这就是一切教育的最终目的。主动性、独立性可以看作是学生"自我发展"的两个非常重要的因素。

而要激发学生的主动性、培养学生的独立性,教师就不能越俎代庖。巴西批判教育学家保罗·弗莱雷告诫我们,教师不能替学生思考,也不能把自己的思考强加给学生。

苏联著名教育家赞科夫提醒教师,凡是儿童自己能够理解和感受的一切,都应当让他们自己去理解和感受,不过,教师应当知道朝哪个方向引导儿童。

瑞士儿童心理学家让·皮亚杰更是强调,一切真理都要由学生自己获得,或由他们重新发现,至少由他们重建,而不是简单地传授给他们。

教师不能把讲台看作是展示自己专业水准的舞台,而应让课堂成为学生思想生长的地方。

蔡元培先生提醒我们,教书,并不是像注水入瓶一样,注满了就算完事,重要是引起学生读书的兴趣,做教员的,不可一句一句,或一字一字地,都讲给学生听,最好使学生自己去研究,教员不讲也可以,等到学生实在不能用自己的力量了解功课时,才去帮助他。

法国思想家蒙田说,老师应让学生在他面前小跑,以便判断其速度,并决定用怎样的速度来配合学生,如果师生的速度不合拍,事情就会搞得一团糟。善于选择适当的速度,取得一致的步调,这是最艰难的事。

教师的价值

在学校教育中,教师的地位和意义是不容置疑的。

日本教育社会学家永井道雄说,办好教育的关键,第一在教师,第二还在教师。

为什么教师如此重要?因为他能够对学生的生活施加影响。美国年度教师获得者罗恩·克拉克说:"当你真的能够对另一个人的生活带来影响时,这是一件很震撼的事情。对我来说,这就是教师的价值。"

一个对学生充满期待的老师,会让学生每天充满生活和学习的激情;反过来,如果一个学生被认为没有出息,他自己也会降低对自身的要求,在各方面都表现出自己的不行。

大文豪列夫·托尔斯泰也说,如果教师只有对事业的热爱,那么,他是一个好教师。如果把对教育的爱和对学生的爱融为一体,他就是一个完美的教师。

教学的艺术

教学是一门艺术,要创造这一伟大的艺术,一方面需要依靠基本技能的掌握和运用,另一方面需要激情和勇气。

德国教育家第斯多惠也说,一个坏的教师奉送真理,一个好的教师则教人发现真理。威廉姆·沃德认为,普通的教师告诉学生做什么,称职的教师向学生解释怎么做。

我们教一门科目,并不是希望学生成为该科目的一个小型图书馆,而是要他们参与获得知识的过程。学习是一种过程,而不是结果。

教学是一场激情之旅,也是一次信念之旅。美国教育家安东尼·马伦说:"如果我的学生感受不到我的教学激情,作为教师,我是失败的;如果我的学生感受不到我带入课堂的专业精神,作为教师,我是失败的;如果我的学生不相信我会坚持不懈地带领他们迈向成功,作为教师,我也是失败的。"

作为教师,在教学过程中,最大的乐趣是看着孩子们幼稚的小脸从困惑转为聚精会神,从聚精会神变为惊讶,最后又从惊讶换成了无比骄傲的神情。

成为学习者

要让学生善于学习,教师自己首先就要成为学习者。俄国作家车尔尼雪夫斯基说,要把学生造就成一种什么人,自己就应当是什么人。

教师的职业,是一个不断积累经验的职业。这种经验的积累,一方面是通过实践,在学生和其他老师的身上汲取智慧;另一方面是通过间接经验,从专家和书籍中获得顿悟。无论哪一种途径,都离不开自身的勤奋好学。魏书生说:"我不会教书,是学生教会我教书;我不会改变后进学生,是后进学生教会我怎样教后进学生。我总是与学生商量着怎么学、怎么教。"美国教育家菲利普·比格勒也说:"每一天我走进教室,我就在想我能学到什么。我是教师,也是学习者,而不是知识的传递者。"

学校是儿童受教育的场所,也是教师接受教育的地方;教师要通过一切环境和活动来教育自己。自我教育是教师的终身任务。

家庭的教育

父母是孩子教育的第一责任人,家庭是孩子教育的第一学校。在这方面,有很多事情需要父母想明白。比如:

孩子就是自己的一面镜子,可以从孩子的言谈中看出自己教育的成效和得失。苏霍姆林斯基说,每个瞬间,你看到孩子,也就看到了自己;你教育孩子,也就是教育自己,并检查自己的人格。

在如何培养儿童的人格方面,陈鹤琴的教导语重心长:"要培养儿童的人格,我们一定要他去帮助人,使人得着快乐。这一点,一般做父母的都没有想到,只知使小孩子快乐而不知如何教小孩子使别人快乐。"苏霍姆林斯基说,今天的孩子将来会成为什么样的人,起决定作用的是他的童年是怎样度过、童年时期由谁携手走路、周围世界的哪些东西进入了他的头脑和心灵。

英国夏山学校的创始人亚历山大·尼尔提醒家长:"在一个管束型的家庭,儿童没有任何权利;在一个溺爱型的家庭,儿童拥有一切权利;一个健全的家庭是属于这样一种类型,即儿童和家长享有平等的权利。"

阅读朱永新《教师最喜欢的教育名言》,我感觉自己好像是一位走在黑暗之中的人,突然获得了一把闪亮的智慧火炬,走在教育的大道之上。我愿在它的引领之下,与我的学生、我的课堂一起，让自己的教育人生更添几分快乐的元素与幸福的色彩！

忠实追踪作家——林语堂和苏轼

《苏东坡传》是林语堂的最得意之作。原著是林语堂用英文所写，被誉为20世纪四大传记之一。

在读此书之前，我对苏东坡的了解仅限于他的诗文及课堂老师的讲授、各种自考的资料，绝无立体通透之感。但是，邂逅了林语堂先生的《苏东坡传》后，我完完全全被东坡先生的人格所倾倒。

东坡先生是一个伟大的人道主义者、一个百姓的好朋友、一个大文豪、一个大书法家、一个无可救药的乐天派……不过，这一切，远不足以道出苏东坡的全部。可以这么说，苏东坡是中国文化史上的一座巍峨的高山。在苏东坡的生命历程中，他穷尽了生命的可能，同时也穷尽了中国传统文化的可能。如今，只要有人提及苏东坡，我的内心便会肃然起敬，更是爱慕不已。

"眉山生三苏，草木尽皆枯"，这是宋人在笔记中对苏洵、苏轼、苏辙的高度评价。而在三苏中，最为出色的是苏轼。宋代的欧阳修对他推崇有加。林语堂在书中这样评价，苏辙的才华只有苏轼的一半。

苏轼自小便显露正义之气。10岁时，他听母亲讲《汉书·范滂传》，即问母亲："我如果想和范滂一样（为名节而不顾生死），母亲您能答应吗？"如此，便不难理解后来他多舛的命运了。

苏轼生活在北宋时期。当时，他面对王安石变法的表面繁荣，洞悉到其中弊端，直言上书，与王安石唱反调。因此，他屡屡被贬至黄州、杭州、扬州、定州、惠州、儋州等地，但他从未想过去阿谀、去妥协、去委曲求全。身处乱世，他犹如风暴中的海燕，是无畏的勇者。不过，令我无比欣赏的是，即便他与王安石意见不合，却能相互赏识彼此的才华。可谓是"人格上的朋友"。

苏轼仕途坎坷，历经磨难。他接二连三地被越贬越远，虽已白头，却不能叶落归根。即便人生处于如此不堪的境地，但他仍然高高兴兴地吃荔枝，仍然开开心心地看人养蚕农耕，仍然津津有味地看雨看山，仍然恬淡宁静地看潇潇飞雪打在窗棂。他是真正的男儿，真正地豁达，真正地乐观。或许，苏东坡就该是一只回归山林的鸟儿，在天地之间快乐地飞翔。他教会了我们随遇而安的乐观心态及如何面对苦难的快乐人生哲学。

苏轼还是一个很有生活情趣的人。在《苏东坡传》中有很多关于东坡先生的小典故，读来很有意思。比如，苏东坡和佛印的故事。有一次东坡先生想调侃一下佛印，对佛印说，很多诗人都喜欢将"僧"与"鸟"相对，比如贾岛的"鸟宿池边树，僧敲月下门"。谁知，佛印微微一笑说，这止是我以"僧人"的身份与你相对而坐的缘故啊！哈哈，听闻此言，这个大文豪竟也无言以对啦！

苏轼柔情似水，重情重义。对家人，对朋友，甚至对不相识的村夫野老，他都怀有一颗仁爱之心。对于妻子，东坡先生"十年生死两茫茫，不思量，自难忘"，凄婉缠绵，至死不渝，让人动容，"唯有泪千行"。对于弟弟子由，更是手足情深，一曲《水调歌头》道出了对弟弟的无尽思念，"但愿人长久，千里共婵娟"

的千古绝唱，更是令所有写月的诗篇黯然失色。

在中国古代，像苏东坡这样的生命个体可谓绝无仅有。苏东坡的年代已离我们远去，可他的精神岂止影响千年。行到水穷处，坐看云起时。他的大手笔，他的毫不掩饰的天真，他恣意汪洋的文字，以及他的旷达胸襟与乐观情怀，已经穿越千年，也必将穿越又一个千年，直到永远永远！

写到此，我也说不清，我到底是在追随林语堂，还是在追随苏轼。不过，不可否认的是，我因为《苏东坡传》喜欢上了林语堂的文字，读了好多他的作品，如《吾国与吾民》《人生的盛宴》等。也因林语堂的作品《苏东坡传》，而更加喜欢上了苏东坡的诗文，以及苏东坡这个近乎完美的人！

忠实追踪"知识搬运工"——罗振宇

追随罗振宇是因为"听书"。在"喜马拉雅"有一档节目"罗辑思维"，估计相当多的听友都曾经听过。它原是一档视频类节目，后改为音频类节目。我从未看过视频版，只是"听"。我步行时总会戴着耳机听点书。我就是在这些时光遇见了罗振宇，遇见了"罗辑思维"。

有一本书叫《朗读手册》，里面有一个观点就是要读故事给孩子听，声音是孩子成长中最好的礼物。在这里，我想说，走在路上"听书"，这也是"喜马拉雅"这个平台上众多像罗振宇一样的声音传播者给我的生命带来的最好的礼物。

"罗辑思维"这档节目2012年开播，已有十年。它的价值观是"有种有料有趣，在知识中寻找见识"；口号是"死磕自己，愉悦大家"。节目的初心是"替别人读书"，是一个"书本知识搬运工"。原先的节目,每期50分钟,正好散一次步的时间。虽说,这50分钟,是一天中的休闲的碎片时间,但是听罗振宇一期节目的"知识收益",绝对是50分钟读书的"几何级"。每一期都是海量的知识,海量的信息,还有鲜活且独特的思想。现在,"罗辑思维"搬家至"得到",每期约十分钟。我依然追随。目前,已有400多期。

因为"罗辑思维"是以商业模式运作,所以,有一些争议。但是,我想说的是听"罗辑思维",我们自然不能全盘接受这档节目的观点,因为我们每个人都有自己的观点。我们可以将"罗辑思维"用来对比、检验自己的思想,也可将之作为烧菜时悠闲生活的"特别思维体操"。

长期地听"罗辑思维",我的确学到了很多的东西,消灭了很多知识的盲区。在这里,我找到了了解艺术的快速通道,知道打开古典音乐的正确姿势;在这里,我重温中外历史,换一个角度去读林肯,去读林则徐,去读明清史;在这里,我学会批判性思维、线性思维、立体思维、反向价值定义法;在这里,我也接触了魔鬼经济学、权术表演家、反直觉的经济学等。虽然,很多话题对我来说,十分陌生,但我却倍感新鲜,就像是某顿饭中,突然上了一道从未见过的菜肴,有种眼前一亮、味蕾打开之感。

我"追星"罗振宇,还因为"罗辑思维"的每一期节目,他都会提到一本又一本的图书,比如,在第24期"南北战争:这场架不白打"中,他提到了《美国内战》《美国人民:创建一个国家和一种社会》《我也有一个梦想》等书;在第30期"和你赛跑的不是人"中,他提到了《与机器赛跑》《财产、法律与政府》

等书；在第55期"读书人的新活法"中，他提到了《忏悔录》《屠猫记：法国文化史钩沉》等书。有粉丝对"罗辑思维"第一季、第二季的推荐图书进行了一个统计，罗振宇共推荐了286本图书。每次听他推荐这些图书之后，我都会去了解其中感兴趣的书，也会买回一些。但我之所读与罗振宇所读相去甚远。我也很想做一个"知识搬运工"，无奈，力之不能及，只能仰望并一直崇拜着。

或许是罗振宇读的书太多、太广，因此，他在看问题时，便有了多元的思维与独特的角度。这对我的教育教学也带来了无穷的启迪。

我真诚地建议大家去听几期"罗辑思维"。大家也无须花特别多的时间去听，散步时、做饭时顺带听听，一定是个不错的生活方式。若是每期收获一两句对自己有启迪的思想，那便是最大的幸福！若能顺便给大脑烹饪一顿"豪华套餐"，那更是极好。

至于罗振宇的观点，大家都是成年人，应该都有自己的三观，择其善者而从之，与其不敢苟同者而默之笑之。无须谩骂，尊重罗振宇，尊重智慧，尊重不同的声音，从他的节目中获取自己认同的知识，"在知识中寻找见识"就够了。

在阅读中"醒来"

我常常喜欢躲进书里。不管人世如何喧嚣,手握一本好书,仿佛就拥有了一个避风港,与尘嚣隔绝。我可以静静地躲进书中,独自面对一个丰富有趣的世界,把一切烦恼忘记得干干净净。而我也一次次在阅读中"醒来"。

有一段时间,我特别喜欢读庄子,特别向往他所描述的人生境界,憧憬绝对自由的逍遥之境。或许有人认为这是对生活的一种消极,对现实的一种逃避,但我以为,在物欲横流的这个时代,我们需要一种"结庐在人境,而无车马喧"的宁静与豁达,需要达到"至人无己,神人无功,圣人无名"的逍遥心境。因为庄子潜移默化的影响,在阅读时我给自己制定了几个逍遥阅读原则:不委屈自己读书,不为功利而读书,自由阅读专业之外的书。

偶然在新华书店,翻到了《菜根谭》。这本明代洪应明的作品让我痴迷。他崇尚自我,主张淡泊;他没有琐屑之论,有的只是哲理的思辨。有一段时间,我为了让自己静下心来好好品味这本奇书,每天抄写《菜根谭》。这本奇书,让我拥有了"宠辱不惊，闲看庭前花开花落；去留无意，漫随天外云卷云舒"的超然心境。

因为一首歌，恋上一个人。我迷恋泰戈尔，是因为朴树的那首《生如夏花》。这首歌的歌名取自泰戈尔的《飞鸟集》。我从网上下载了《飞鸟集》，发现每一句歌词，都是那样耐人寻味，令我沉迷其中。我又找来泰戈尔的诗集《新月集》《游思集》《随想集》等，一遍又一遍地拜读。非常感谢这首《生如夏花》，它让我与这位世界文学巨匠进行了一次心灵的对话。感谢这次偶然的邂逅，让我迷恋上这位世界伟人。他的作品改变了我的思维方式，丰富了我的情感，让我的精神世界变得缤纷灿烂。

我认为，做一名教师，尤其是做一名小学语文教师，必须认真阅读儿童文学。这不是幼稚，更不是肤浅，因为一本好的儿童文学作品，就是一个精彩的儿童世界。我爱上儿童文学的原因，是因为我自感底气不足。作为老师的我们，如果不读学生所读，又怎能在学生面前讲得理直气壮、滔滔不绝呢！于是，我告诫自己：必须沉下心来，认认真真阅读儿童文学。让我高兴的是，这些儿童文学作品，与我的教育理念也产生了强烈的撞击，它让我对自己的教学思想产生了深刻的思考。我在思考：现代的学生崇拜的英雄到底是什么样的？我，一个从教20多个年头的老师，究竟对学生的内心世界了解多少？我还在思考：这些文学作品能否成为超越教材的教材？于是，我利用这些文学作品开展了一些超越教材后的尝试：我依托《今天我是升旗手》中"名片的风波"，让班级也掀起了一次名片风波，更是让班级学生的灵魂进行了一次洗礼，让学生对未来有了美好的憧憬，让他们为自己的未来描绘了一幅美好的人生蓝图。

走在教育的路上，我不断"拜访"着各位大师——

在宁静的夜晚，我捧读吴非老师的《不跪着教书》。篇篇观点鲜明新颖，分析问题一针见血。"想要学生成为站直了的人，教师就不能跪着教书。如果教师没有独立思考的精神，他的学生很难有独立思考的意识。"感谢吴老师，让我看清了、读懂了教育的真相。

雷夫·艾斯奎斯的《第56号教室的奇迹》深深地震撼了我。我惊叹于雷夫老师丰富的教育智慧、幽默诙谐的教学艺术、溢于言表的博大精深的爱。一个小小的教室，竟然拥有这么巨大的吸引力。我们能否在教室里创造奇迹？

"读书改变人生""理想创造辉煌""爱心创造奇迹"，我愿把这些"朱永新教育定律"当作"人生成功定律"。

浩瀚书海，魅力无限。尽情徜徉，乐趣无穷。非常庆幸，我从事了教师这个职业，因为教师是一个可以用工作的时间理直气壮读书的职业。而我想说的是，教师这个职业，也是要求教育工作者不断读书、不断刷新知识的职业。书籍是学校中的学校，对于我们——承载着传播人类文化重任的教师而言，读书就是最好的备课。

在阅读中"醒来"，与君共勉。

阅读，抵达美好可能

读一本好书，就是在聆听一首心灵的小曲，就是让温暖的阳光住进心里。你若阅读，便是晴天。读者是一个无比美好的身份，因为在阅读中可以和优秀的人物为伴，与伟大的思想共舞。可以说，与书相伴的每一分钟都是对人生最好的奖赏。

阅读如同一场盛大的旅行。在这场旅行中，我们沿途会遇见太多美丽的风景，邂逅太多美丽的意外，产生太多深刻的思考，让自己的精神可以诗意地栖居在芬芳的百花园中。

孤独、寂寞、忧伤来临之时，阅读储备便派上了用场。每当此刻，我们可以直接"潜逃"至书籍当中，徜徉字里行间，忘记一切负面的片段。书中一个个淡定的人、勇敢的人、豁达的人、乐观的人便会一下子如同亲密的朋友般汇集到我们面前，劝慰我们、鼓励我们、感染我们、鞭策我们，直到心情一片艳阳高照。"过日子的同时也要放飞灵魂，读书与后者有关。"因为阅读，我们的内心变得强大，拥有了勇敢起来的力量。随着阅历渐丰，我们会发现每一张脸的背后都会有或多或少人间的悲欢离合，但读书多的人会选择笑着坚强。

阅读的最大理由是摆脱平庸，为了自己更好地修行。每一个不曾起舞的日子都是对生命的辜负。我想是否也可以如此说，每一个不曾阅读的日子，更是对生命的辜负。没有阅读，我们的灵魂何以翩然起舞？因为阅读不仅是对外部世界的发现，更是对自己生命的开发。爱阅读的人，不仅有眼前，更有诗和远方。

当一群游客脚步到达相同的景点，内心与精神到达的地方却会大不相同。一个有着丰富阅读经历的人眼中的景色一定更为诗意与灵动，他会因曾经已在文字里的相遇而变得诗情万种，哲思飞扬。余秋雨便是如此。太多的人抵达过秋雨先生到达过的地方，但能写出《文化苦旅》之类作品的却没有几人。我想，其中更多的原因是与阅读基础有着深刻的关系！因为身体活动的空间是可以计量的，但思想活动的疆域却无限广袤。

当下，有一种现象值得警惕。那就是庞大的手机阅读一族。我们不妨听听周国平的一番话："一个人如果主要甚至仅仅看电视和上网，他基本上就是一个没有文化的人。他也许知道天下许多奇闻八卦，但这些与他的真实生活毫无关系，与他的精神生长更毫无关系。一个不读书的人是没有根的，他对人类文化传统一无所知，本质上是贫乏和空虚的。"我在读这段话的时候，其实心里也是有些心虚和忐忑的，因为在我生命的某段时光，是时常与手机相伴的。一个在阅读和沉思中与古今哲人文豪倾心交谈的人，与一个只读明星逸闻八卦故事的人，他们当然有着完全不同的内心世界。现在想来，这是一件多么可怕的事情啊！

你若阅读，便是晴天。真诚地期盼每一个读过此话的人，都会从此因阅读而打开万里晴空。因为，抵达人生最丰富、最美好、最简单的路径便是——阅读。正如外面虽然雾霾重重，但我们的精神天空则会因一本梁衡的《跨越百年的美丽》而变得春光明媚。